AF277684

Ámsterdam

ANAYA
TOURING

Autora: **María García Álvarez**.
Actualización: **Edipratt**.

Responsable de proyecto: **David Lozano**.
Edición: **Edipratt**.
Cartografía: **Lola García**.
Producción: **Juan José Rodriguez, Olga Hernando y Antonio Mellado**.
Diseño de la coleccción: **marivies**.

Procedencia de las fotografías: todas las fotografías son de IStockphoto excepto: **123 RF:** 8, 14 (2), 31, 32, 33b, 41, 50, 52-53, 57, 59 (2), 66, 72, 73b, 75c, 80-81, 91b, 93, 94b, 96, 99, 104 esq., 108, 115ab, 117, 121, 122, 124b, 126, 127bc. **AGE:** 70. **Archivo Anaya:** 12. **Fotolia:** 39, 58, 62, 65, 83b, 106, 112. **Depositphoto:** 6, 28, 29, 34a, 35a, 36, 38, 49, 66, 73a, 75ab, 81, 92, 110, 121, 124a, 125b, 126a. **Dreamstime:** cubierta (2). **Leiva, Á. de/Anaya:** 24ab, 25, 101a. **Museo de Ámsterdam:** 22. **Sutterstock:** 9, 10, 11, 13, 15, 18, 20, 21, 23, 26, 27 (2), 30, 34b, 35b, 38 esq., 42, 43, 44-45, 47, 51, 54, 55, 61, 63, 64, 67, 68, 70, 74, 76-77, 78-79, 85, 86, 90, 94a, 97, 98, 102.

9ª edición, 2024

© Grupo Anaya, S. A., 2024
    Valentín Beato, 21. 28037, Madrid
    www.guiasdeviajeanaya.es

Depósito legal: M-35.211-2023
ISBN: 978-84-9158-744-6
Impreso en España-Printed in Spain

PAPEL DE FIBRA
CERTIFICADO

La información contenida en esta guía ha sido cuidadosamente comprobada antes de su publicación. No obstante, dada la naturaleza variable de los datos, recomendamos su verificación antes de salir.

Contenido

Cómo usar
esta guía

Breve historia de Ámsterdam

Esta **Guiarama** de **Ámsterdam** se divide en varias secciones que abarcan los aspectos más importantes de la visita a la ciudad.

Una mirada a Ámsterdam, páginas 7-17

Presentación
Ámsterdam en cifras
La esencia de Ámsterdam
Breve historia de Ámsterdam
Naturaleza y paisaje
Personajes famosos

Diez lugares inolvidables, páginas 19-35

La elección de la autora de los diez lugares más atractivos, todos con información práctica.

Visita a la ciudad, páginas 37-101

Se divide en dos secciones principales: Ámsterdam y alrededores, cada una con una breve introducción y un listado por zonas de los lugares más interesantes.

Información práctica
Breves notas "¿Sabía usted que...?"
3 cuadros de temas específicos

Alrededores
de
Ámsterdam

Dónde..., páginas 103-127

Información detallada sobre restaurantes, alojamiento, compras y ocio.

Información práctica páginas 128-133
Toda la información necesaria para el viajero presentada de forma visual.

Mapas y planos

Barrio Rojo

Todas las referencias lo son a los mapas y planos que se encuentran en la sección Visita a la ciudad. Por ejemplo, el Stedelijk Museum está acompañado por la referencia ☯ 5 (C1), que indica la página del plano (5) y las coordenadas (C1) donde se halla el museo. La lista de mapas utilizados se encuentra en el índice, al final de la guía.

Precios

El precio aproximado de los establecimientos se indicará mediante los signos:
C caro, **M** moderado y **E** económico.

Clasificación por estrellas

La mayoría de los lugares descritos en el libro se han clasificado por su grado de interés como sigue:

***   Visita obligada
**   Muy interesante
*   Interesante

Símbolos utilizados

A lo largo de la guía se han utilizado símbolos sencillos y claros para indicar las siguientes categorías:

- ⊕ referencia a los planos del final de la guía
- ✉ dirección o localización
- ☎ número de teléfono
- ◷ horario
- ⬭ restaurante o café
- ▣ rutas de autobús
- ⬓ estación de tren más cercana
- ⬗ ferry más cercano
- ✈ aeropuerto
- ℹ información turística
- ♿ servicios para discapacitados
- 🎫 precio de la entrada
- ✛ otros lugares de interés cercanos
- 🌐 página web
- ❗ más información práctica
- ▶ referencia a la página donde se halla información más detallada

Una **mirada** a **Ámsterdam**

Presentación

▍ Libertad: sí, pero...

Aunque más conocida por el sexo y las drogas, Ámsterdam representa un concepto muy preciado para los neerlandeses: libertad. En esta ciudad todo es posible y el único lema para disfrutar de ella es "vive y deja vivir". Los que no conocen esa norma (por lo general los visitantes más jóvenes, sobre todo británicos) son los que escriben la historia negra de la ciudad cuando se producen incidentes. A ellos va dirigida la campaña de 2023 del ayuntamiento que cuenta con un lema contundente: "Stay Away" (mantente alejado, en inglés), que intenta acabar con las despedidas de soltero y los paseos organizados de bar en bar.

Después de pasar una temporada en Ámsterdam, uno llega a la conclusión de que es la ciudad donde refugiarse para no sentirse extranjero en Países Bajos. No es exagerado afirmar que aquí viven casi tantos extranjeros como neerlandeses.

Ámsterdam vive y ha vivido siempre de cara al mar, una relación de "amistades peligrosas" (no podemos olvidar que la ciudad está muy por debajo del nivel del mar) y de amores muy posibles, ya que los canales que la surcan y la desmembran, la nutren a su vez de vida, de lugares inolvidables y, sin duda alguna, se han convertido en el sello de identidad de esta ciudad de libertades. Sin embargo, el Mar del Norte la añora desde lejos; se bate incansable al otro lado de los diques de protección y pasa de cuando en cuando, tímida y controladamente, a través del canal del Norte, para besar la ciudad y mezclarse con las aguas del lago Ijsselmeer.

Dejarse seducir por Ámsterdam es, por tanto, muy fácil. Lo difícil sería resistirse a todos sus encantos, que van mucho más allá de los expuestos en la galería turística típica y tópica. Por ello, en esta guía no solo está ese Ámsterdam que recogen todas las guías, sino el otro Ámsterdam, el de aquellos que hemos hecho nuestra la ciudad descubriendo sus encantos poco a poco, año a año, con el mismo ritual de cortejo lento y constante que ella ha mantenido con el mar. Afortunadamente es una ciudad de todos y para todos. Esa es la esencia de esta pequeña capital europea: todo el mundo es bienvenido siempre que actúe con respeto y moderación.

▼ Los canales de Ámsterdam son una de sus señas de identidad.

Ámsterdam en cifras

Geografía

La ciudad está situada en la provincia de Noord-Holland. Los neerlandeses solamente llaman Holanda a esta parte norte el país, el nombre oficial del país entero es Nederland (País Bajo), aunque al traducirlo al inglés y al español se ha pluralizado. Está a 24 km del Mar del Norte y se comunica con él a través del canal del Norte, uno de los más grandes del país. Está protegida por fuertes diques, ya que se sitúa a más de 3 m bajo el nivel del mar y el agua cubre un 24 por ciento de sus 219 km² de extensión.

Ámsterdam es la capital del país a pesar de que el gobierno y la casa real tienen su sede en La Haya.

Población

Según el último censo, Ámsterdam tiene 905.200 habitantes, el 13,5 por ciento de los cuales no son neerlandeses. La ciudad es un crisol de culturas y ofrece cobijo a unas 180 nacionalidades. No solo es la ciudad más grande del país, sino la que tiene mayor densidad de población, con 4.926 habitantes por km².

Transporte

Ámsterdam es la ciudad de los tranvías y de las bicicletas. Solo es recomendable conducir por el centro para quienes conozcan bien la ciudad y es preciso mencionar que bicis y tranvías suelen tener preferencia. Aparcar al lado de los canales (no están vallados) es una aventura arriesgada pues, no en vano, al menos un coche a la semana termina en sus aguas.

Hay unas 880.000 bicicletas y más de 200 tranvías que recorren la ciudad. La mayoría son de segunda –e incluso tercera– mano, ya que entre 50.000 y 80.000 son robadas cada año. Otras miles, más de 90.000, acaban por diversos motivos en el depósito municipal, y entre 12.000 y 15.000 sumergidas en los canales. Unos 110 barcos surcan los 165 canales que recorren más de 75 km de ciudad, para transportar sobre todo a turistas (3.250.000 pasajeros al año). Los canales discurren bajo casi 1.300 puentes sobre los que se puede pasear a pie y en bicicleta.

Ocio

Para los amantes de las compras, Ámsterdam es un paraíso con más de 5.500 tiendas y más de 150 anticuarios, además de 32 mercados. Por la noche, la ciudad no duerme, con sus más de 1.500 bares y sus grandes discotecas llenas de caras famosas durante los fines de semana.

▲ La ciudad está diseñada para pasearla en bicicleta.

Cultura

A los amantes del arte, la ciudad no desilusiona. Más de medio centenar de museos y 141 galerías de arte resguardan los mejores 22 rembrandts y 206 van goghs. Ámsterdam se ha convertido en un referente para los jóvenes artistas que deciden emprender su propio negocio. Además, en 2015, el Rijksmuseum fue declarado Museo Europeo del Año por el Foro Europeo de los Museos (FEM), por su su remodelación integral tanto de las instalaciones (según proyecto de los arquitectos españoles Cruz y Ortiz) como por la magnífica restauración de sus fondos.

La **esencia** de Ámsterdam

Hay que visitar Ámsterdam desde dos perspectivas: la tierra y el mar. La ciudad no podría entenderse de otro modo a través de estos dos elementos naturales. Muchos de sus habitantes viven sobre sus aguas en las famosas *boathuisjes* (casas barco). Durante las fiestas más populares, los *amsterdammers* inundan los canales con sus embarcaciones llenas de colorido, música y diversión. Ya en tierra, el pedaleo de las bicicletas marca el ritmo de vida de una ciudad cargada de historia. Ámsterdam no es una ciudad para gente con prejuicios. Su esencia es ese equilibrio perfecto de los elementos naturales: el aire desde el agua, que empuja el mar y da vida a los canales, y la tierra, donde es posible el fuego que la convierte en estandarte de las libertades no solo del país, sino del resto de Europa.

No hay que perderse…

I Un paseo en barco por los canales. Durante el día, se puede observar desde el agua el ir y venir de esta ciudad, sus monumentos, el Barrio Rojo, las calles más señoriales y las casitas históricas. La noche nos permite disfrutar de una cena junto al agua y el encuentro con la versión más romántica y tierna de la ciudad más sensual de Europa.

◀ Casas tradicionales a la orilla del canal.

I Un paseo en bicicleta. Alquilar una bicicleta es casi obligado para conocer los mejores rincones de la ciudad y convertirse en un auténtico *amsterdammer*. Las oficinas de turismo y las empresas de alquiler de bicicletas ofrecen muchas rutas y paseos. Aquí se proponen algunas como la llamada *Canal Bike* (o *pedal boat*; una bicicleta sobre el agua).

I Subirse al tranvía. Es el transporte más rápido si se quiere recorrer toda la ciudad así como para alcanzar grandes distancias. En tranvía se puede llegar hasta el mercado del Albert Cuyp para descubrir el colorido cultural de esta ciudad de todos.

I Visite el Rijksmuseum y el Van Gogh Museum, si lo suyo es el arte y es fan de los pintores más internacionales que ha dado el país: Rembrandt y Van Gogh. Si los gustos siguen otros derroteros, se puede visitar el Sex Museum, cerca de la estación central.

I Recorra el mercado de las flores, compre un ramo de tulipanes y después tómese una cerveza o una ginebra en alguno de los cafés con más solera de Ámsterdam, para terminar el día con un paseo por el barrio del Jordaan.

I Descubra los límites de la ciudad. En bicicleta o a pie, pedalear o caminar a orillas del Amstel le permitirá disfrutar de la parte más bucólica de la ciudad.

▼ No puede faltar un paseo en bicicleta por la ciudad.

Breve historia de Ámsterdam

▲ En *Las Lanzas*, Velázquez refleja la capitulación de los neerlandeses ante los españoles en la ciudad de Breda, en 1625.

1200 Grupos de pescadores comienzan a asentarse en el estuario del río Amstel

1275 El conde Floris V de Holanda exime de impuestos a los comerciantes de Ámsterdam, lo que hace florecer la ciudad.

1300 Con un censo de 1.000 habitantes, Ámsterdam obtiene la Carta de Derechos de manos del obispo de Utrecht.

1306 Construcción en madera de la Oude Kerk. En 1334 se reconstruye en piedra.

1342 El conde Guillermo III otorga a la ciudad el Gran Privilegio.

1395 Ayuntamiento de la ciudad, en el Dam.

1421 Ámsterdam sufre un gran incendio que la destruye, debido a que las casas eran de madera. Tras otro gran incendio en 1452, se regula por ley la obligación de construir solo con ladrillo.

1480 Se construyen murallas y diques.

1514 Ámsterdam ya es la mayor ciudad del país, con 12.000 habitantes.

1519 Países Bajos forma parte del Imperio católico de Carlos I de España y V de Alemania. Católicos y protestantes se enzarzan en innumerables luchas y disputas. En 1535, los católicos aplastan una revuelta protestante y ejecutan a sus líderes.

1566 Beeldenstorm, o la tormenta de las imágenes. El duque de Alba ejecuta a miles de calvinistas.

1611 Se funda la Bolsa de Ámsterdam.

1613 Comienzan la construcción de los principales canales: Herengracht, Keizersgracht y Prinsengracht.

1642 Rembrandt pinta *Ronda de noche*.

1648 Países Bajos consigue la independencia de España tras el tratado de Utrecht.

1650 La población aumenta a 220.000 habitantes, pero en 1664 perece un 10 por ciento por la peste.

1669 Rembrandt muere en la pobreza.

1795 Capital de la República Bátava pro francesa.

1806-1810 Luis Napoleón, hermano del emperador Bonaparte, se convierte en rey de Países Bajos y designa Ámsterdam como capital del reino.

1942-1945 La familia de Ana Frank se esconde en el ático de las oficinas de Otto Frank. Traicionados en 1944, Ana muere en 1945 en un campo de concentración.

1947 Se publica el *Diario de Ana Frank*.

1948 Karel Appel funda el grupo artístico *Cobra*.

1952 Inauguración del canal Ámsterdam-Rin.

1973 Inauguración del Van Gogh Museum.

1980 Designación oficial de Ámsterdam como capital de Países Bajos.

2002 El príncipe de Orange, Guillermo, se casa con Máxima Zorreguieta. En 2003 nace Catalina Amalia, primogénita y heredera al trono.

2004 Es asesinado el director de cine Theo van Gogh, descendiente del famoso pintor, por un fanático islamista.

▌ Hasta nuestros días

2013. La reina Beatriz abdica en enero. El 30 de abril, Guillermo es coronado bajo el nombre de Guillermo Alejandro. Tras una década de obras, abre de nuevo sus puertas el Rijksmuseum.

2016. El 24 de marzo fallece el futbolista y entrenador Johan Cruyff. Al año siguiente el estadio del Ajax pasa a llamarse *Johan Cruyff Arena*.

2023. La exposición de 28 cuadros de Vermeer en el Rijkmuseum cuelga el cartel de "no hay entradas" tan solo cuatro días después de su inauguración. Con más de 650.000 visitantes ha sido la más concurrida en la historia del museo.

▼ La Galeria de Honor del Rijksmuseum acoge los cuadros de Johannes Vermeer.

Naturaleza y paisaje

▲ El agua en Amsterdam está presente en todos los rincones.

Agua

El paisaje del centro de la ciudad está marcado por el agua. Los canales serpentean entre las casitas inclinadas y dan forma a la ciudad.

En los últimos años, el ayuntamiento se ha preocupado por la salud de sus canales dañada por el constante ir y venir de los barcos. Por eso, aún hay pequeños recodos donde los grandes barcos turísticos no pueden acceder y que constituyen remansos de paz. Recorrer la orilla del **Amstel** en bicicleta o a pie es otra forma de descubrir la cara más sosegada de la ciudad. Este paseo es uno de los preferidos de sus habitantes los fines de semana.

Jardines

La mayoría de los jardines son de carácter privado. Pertenecían a casas asilo o conventos que se convirtieron en hoteles, apartamentos o sedes de instituciones privadas.

El más famoso es **Begijnhof,** antiguo convento de las monjas beguinas. Es un bello remanso verde en medio de la ciudad, pero su popularidad ha crecido tanto que ha perdido su tranquilidad.

Otra opción es pasear por los barrios del Jordaan o el anillo de los canales del centro y disfrutar a la sombra de los árboles que crecen junto a estos. Si hay suerte y alguno de estos jardines está abierto, puede adentrarse a disfrutarlo.

Otra opción es visitar el **Hortus Botanicus** (www. dehortus.nl), uno de los jardines botánicos más antiguos de Europa y en el que pueden observarse cientos de especies de plantas autóctonas y exóticas.

Parques

El **Vondelpark** (www.hetvondelpark.net), inaugurado en 1864 en pleno corazón de la ciudad, es uno de los parques más famosos no solo de Países Bajos, sino del mundo, gracias a los hippies que en la década de los 70 acamparon en él y mostraron su manera de concebir el mundo. El parque fue portada en 2008 de muchos periódicos por ser el primero en el que estaba permitido hacer el amor, medida que no fue muy bien acogida por todos los amsterdameses.

En el Vondelpark también se pueden practicar deportes como patinaje, ciclismo, running y, sobre todo, dar largos paseos y echarse a dormir una siesta sobre su hierba fresca y verde. Está permitido hacer barbacoas, por lo que en verano es uno de los lugares más animados. Se puede nadar en el lago que recorre sus 3 km de ancho. Se halla a 5 minutos a pie de la Leidseplein y a una corta distancia del Rijksmuseum.

El **Amstelpark** (www.amstelpark.info) está situado al sur de la ciudad, en la zona del ZuiderAmstel. Se creó en 1972 con motivo de la celebración de la *Floriade* en Ámsterdam, una feria internacional de flores y plantas que tiene lugar cada diez años en un lugar distinto de Países Bajos. El ayuntamiento dedicó varias hectáreas del sur de la ciudad para esta exposición. A su término decidió conservar parte de ellos, con lo que se creó así el segundo parque más importante de la ciudad.

Destaca el jardín japonés, uno de los más visitados en primavera para ver florecer los cerezos. También el jardín de un convento belga, lleno de paz, o un jardín bíblico israelí. De aquella exposición mundial queda también el *Amsteltrein* (www.amsteltrein.nl), un trenecito que recorre el parque. Posteriormente se añadió un minigolf, un jardín infantil de juegos, una granja y algunos cafés. En la *Glazen Huis* (casa de cristal) se exponen obras de arte de artistas locales y nacionales.

▼ El Vondelpark es uno de los lugares preferidos de Ámsterdam para relajarse.

▲ Detalles de los coloridos parques y jardines de Ámsterdam y sus alrededores.

Estos dos parques son de los más populares pero, a medida que la capital ha ido creciendo, han surgido nuevas zonas verdes, algunas con lagos artificiales, como Flevopark, Oosterpark, Sarphatipark, Beatrixpark, Rembrandtpark, Erasmuspark y Slotepark.

❙ El bosque

El **Amsterdamse Bos** (www.amsterdamsebos.nl) es un bosque con una extensión de más de 1.000 ha considerado como uno de los parques más grandes de Europa. Es propiedad del ayuntamiento de Ámsterdam y obra de la mano del hombre, como tantas cosas en este país.

En los años 30 el ayuntamiento quería construir un parque basándose en las ideas que algunos arquitectos habían visto en el extranjero. Hasta entonces, los parques en Países Bajos eran zonas verdes en las que pasear, poder sentarse en la hierba y hacer un picnic como los ingleses, era algo revolucionario.

Así nació este gran bosque, en realidad, un pólder cuyo diseño recuerda a la campiña inglesa, con praderas, árboles de diferentes especies y grandes espacios para el recreo y el divertimento de los visitantes. Se construyó en cinco años y los primeros árboles se plantaron en 1934. En la entrada principal pueden alquilarse bicicletas, canoas e hidropedales.

Personajes famosos

▎Benito Espinosa (1632-1677)

Conocido por los neerlandeses como Baruch Spinoza, nació en Ámsterdam, en Vlooienburg, una isla del barrio judío. Su entrada al Liceo Latino de Franciscus van den Ende cambiaría su vida al descubrir la obra de Descartes. Sus ideas filosóficas, que le costaron la expulsión de la comunidad judía y de su familia, comenzaron a discutirse en los círculos filosóficos.

Separó los conceptos de ética y moral y defendió la democracia como el sistema político idóneo. A su muerte, sus amigos y discípulos encontraron y publicaron el manuscrito de *Ética demostrada según el orden geométrico*, una de las obras clave de la filosofía moderna.

▎Ana Frank (1929-1945)

Nació y murió en suelo alemán, pero es la niña más famosa de Ámsterdam. Era hija de judíos alemanes que emigraron a Países Bajos huyendo del nazismo. Ella solo tenía cuatro años. Creció en el barrio de Merwedeplein detrás de la Victoriaplein. En 1942, cuando los nazis tomaron la ciudad, su padre, Otto, escondió a su familia junto con otros amigos en un anexo secreto de su oficina en Prinsengracht 263 y Ana comenzó a escribir su diario.

En 1944 fueron traicionados y la Gestapo los detuvo. Ana y su hermana Margot fueron enviadas al campo de concentración de Bergen-Belsen donde murieron. Su padre, el único superviviente, publicó los cuadernos que se convirtieron en un *best seller*.

▎Karel Appel (1921-2006)

Con gran influencia en el expresionismo abstracto europeo del siglo xx, es uno de los mejores pintores neerlandeses. Nació en el corazón del Dapperbuurt, un barrio obrero. Ingresó en la Rijksacademie donde conoció a artistas como Corneille y Constant, con los que fundó el grupo *CoBrA* (Copenhague, Bruselas, Ámsterdam). Sus obras más famosas están en el Museo Cobra *(https://cobra-museum.nl)*, en Amstelveen.

▎Johan Cruyff (1947-2016)

Conocido por ser uno de los mejores futbolistas de la historia, ganó 9 ligas de Países Bajos y 3 copas de Europa. Más tarde se convirtió en entrenador del Barcelona. Querido por los aficionados culés, Cruyff siempre reconoció ser un enamorado de España. En 2012 anunció su retirada como entrenador y en 2016 falleció a causa de un cáncer de pulmón.

▼ Ana Frank, joven autora de *Las habitaciones de atrás*.

▎Rembrandt y Van Gogh

Rembrandt (Leiden, 1606-1969) se trasladó en 1632 para establecer su estudio, donde pintaría muchas de sus famosas obras como *Ronda de noche* (1642) y *Lección de anatomía* (1632). Vincent Van Gogh (Zundert, 1853-Auvers-sur-oise, 1890) apenas residió un año en Ámsterdam, mientras preparaba su examen de ingreso para estudiar Teología. Su actividad artística se desarrolló en París, Bruselas, Arlés o Auvers.

10
Lugares
inolvidables

Plaza Dam

1

Esta plaza es, desde los orígenes de la ciudad, el centro de la misma, y sigue siendo el corazón de la capital en el que se guarda celosamente la memoria por aquellos que dieron la vida por la patria.

Dam significa "presa", y aquí se fundó la presa sobre el Amstel en el siglo XIII. Desde entonces, esta plaza se convirtió en testigo del ir y venir de la ciudad. Ha tenido numerosos nombres: Middeldam (la presa del medio), Plaetse (el sitio), Visserdam (la presa de los pescadores), Vijgerdam (la presa de los higos), Revolutieplein (la plaza de la revolución) y en la época de Napoleón, Napoleonplein. Después, se decidió volver a nombrar la plaza con su función original: el Dam, ya que, a pesar de los cambios, ese era el nombre con el que generación tras generación habían conocido el lugar los auténticos *amsterdamers*.

El Dam ha sido, además de presa, puerto y mercado, parada de los tranvías de caballos y carruajes durante el siglo XIX, hasta que entrado el siglo XX

▼ El Monumento Nacional de la Guerra en el centro de la plaza Dam.

se trasladó esta función a la estación central. Pero hasta entonces, todo el que venía a Ámsterdam tenía que pasar por el Dam.

El diseño de la plaza en su totalidad, un rectángulo de 100 por 200 m, es obra del arquitecto J. J. Oud. En ella se halla el **National Monument** (Monumento Nacional), levantado en honor a los caídos durante la Segunda Guerra Mundial. Flanquean la plaza importantes edificios como el **Koninklijk Paleis** (Palacio Real), construido originariamente como Ayuntamiento, y a su sombra, la **Nieuwe Kerk** (Iglesia Nueva), que data del siglo xv; o el famoso **Anantara Amsterdam Gran Hotel Krasnapolsky,** de cinco estrellas que recibe a los personajes más famosos y poderosos del mundo. Muchos se localizan también al otro lado de la plaza, en el **Museo Madame Tussauds,** pero eso sí, en su versión de cera.

Hoy en día el Dam es el lugar donde tienen lugar variados eventos como conciertos, ferias, exposiciones, espectáculos... pero sobre todo es el lugar preferido por los visitantes.

Info

🕐 2 (C1-2)
🚊 Casi todos los tranvías de Ámsterdam pasan y paran en el Dam

▼ La plaza Dam, con el Palacio Real a la izquierda y la Nieuwe Kerk a la derecha.

Amsterdam Museum

2

De visita obligada, este museo dedicado a la historia de la ciudad narra, de forma amena e interactiva, la vida de Ámsterdam desde su fundación hasta nuestros días.

Info

- 🕐 6 (A2)
- ✉ Amstel, 51
- 🌐 www.amsterdammuseum.nl
- 🕐 L-D: 10-17 h
- 🚊 Parada Waterlooplein; tranvías 4 y 14
- ♿ Muy bueno
- 💶 Caro (gratuito para menores de 18 años). Se puede comprar una entrada conjunta con el H'ART y el Willet-Holthuysen Museum.

▼ Panel realizado por el colectivo Kamp Seedorf del que fuera alcalde de Ámsterdam hasta 2017, Eberhard van der Laan.

Desde marzo de 2022 está instalado en un ala del edificio del H'ART Amsterdam, una ubicación que se mantendrá mientras dure la profunda renovación de su histórico hogar, la **Burgerweeshuis**, el antiguo orfanato civil de la ciudad (la finalización de las obras está prevista para 2025). La exposición pretende mostrar a los visitantes, mediante objetos de la colección permanente y obras nuevas o menos famosas, que no existe una única historia de la ciudad. Así, en amplios espacios, junto a la historia tradicional de Ámsterdam se presentan diferentes relatos menos conocidos y más recientes protagonizados por los residentes de la ciudad.

Unos 100.000 objetos de preciado valor artístico e histórico componen el legado que ofrece este museo al visitante recogidos a lo largo de casi cinco siglos. Esto ha dado origen a una colección versátil con objetos muy variados, desde retratos de la corte y paisajes urbanos hasta graffitis del colectivo de artistas callejeros Kamp Seedorf. La colección incluye pinturas, esculturas, grabados, dibujos, libros, muebles, tejidos, vidrio, cerámica, medallas y artesanía. Destaca el famoso lienzo de Rembrandt *Lección de anatomía del doctor Jan Deijman* (1656), donde retrata al cirujano Jan Deijman diseccionando un cerebro con la ayuda del cirujano Gijsbert Calkoen. Es un fragmento de un gran retrato de grupo que se quemó. Interesante también detenerse en el mapa más antiguo que se conserva de la ciudad que data de 1538. En cuanto a obras más actuales destaca *Niños implorantes* (1949) de Karel Appel.

La exposición permanente lleva por nombre **Panorama Amsterdam**, y está dividida en dos partes. La primera muestra una historia cronológica de Ámsterdam desde el siglo XVI hasta nuestros días, ofreciendo una visión global de la evolución social de la ciudad a través de la ropa, la música y la guerra, pasando por los maravillosos años *hippies* de la década de los 70. En la segunda parte se revela lo que es significativo para la ciudad en la actualidad, tratando temas que se pueden considerar alejados de la "gran" historia, pero de indudable importancia: la emancipación de la mujer, el Ajax, la migración, la libertad sexual, etc.

Rijksmuseum

En el Rijksmuseum se puede encontrar una magnífica muestra de las mejores obras de los grandes maestros neerlandeses, desde el siglo XVII hasta el XIX, época dorada de la pintura nacional.

3

Es el "Museo del Reino", como indica su nombre, quizás porque guarda con celo las mejores obras artísticas del gran Siglo de Oro neerlandés, el XVII. En este museo, un edificio que fue inaugurado en 1885, obra de Cuypers, cuelgan lienzos famosos en el mundo entero que cada año reciben la visita de millones de visitantes, pero también guarda la mejor muestra de cerámica de Delft, una colección de casas de muñecas y diversos objetos artesanales.

Desde 2003 hasta el 13 de abril de 2013, que fue reinaugurado por la entonces reina Beatriz de Holanda, el museo fue sometido a una de las mayores reformas de su historia para convertirlo en uno de los museos más modernos de Europa, contando con las más avanzadas tecnologías de conservación pictórica.

Uno de los cuadros estrella es *Ronda de noche* de Rembrandt. Este cuadro, que en realidad se llama *La compañía del capitán Cocq*, lo pintó por encargo en 1641 y es un retrato de unas milicias de voluntarios de las que por aquel entonces vigilaban las calles de la ciudad y cuyos detalles novedosos y sorprendentes le hacen merecedor de su enorme fama internacional. El juego de luces y sombras que consigue el pintor en esta obra es sorprendente. Se sabe que el cuadro que se exhibe es solo un fragmento del lienzo original, más grande, por lo que se ha perdido parte del fondo y algunos de los personajes laterales, como demuestran los bocetos del autor que se conservan.

Aparte de esta obra cumbre, también podemos contemplar obras de Jan Vermeer, como la *Lechera*, junto a los cuadros más famosos de Frans Hals, Jan Steen, Jacob van Ruisdael y otros tantos muchos maestros.

La reforma y renovación del museo fue realizada por el estudio español de arquitectos Cruz y Ortiz. Hasta la fecha ningún museo en el mundo se había atrevido a acometer reformas de tal envergadura, tanto en el edificio como en la presentación de su colección. Cada año organiza exposiciones temporales que son muy bien acogidas por los visitantes, como la de Rembrandt (2019), la esclavitud (2021) o la más reciente de Vermeer (2023).

Info

- 5 (C2)
- Museumstraat 1
- www.rijksmuseum.nl
- L-D: 9-17 h
- 2 y 5 (parada Rijksmuseum)
- 26, 65, 66, 170, 172
- Buenas. Se pueden solicitar sillas de ruedas a la entrada
- Caro (gratuito para menores de 18 años)

▼ Vista del exterior del Rijksmuseum, el museo nacional neerlandés.

Van Gogh Museum

El artista, que en toda su vida solo consiguió vender un cuadro, ha pasado a la historia como el mejor pintor impresionista de todos los tiempos y estandarte del patrimonio artístico del país.

Este es el único lugar del mundo en el que se pueden contemplar tantos cuadros de Van Gogh juntos. De la prolífica obra del autor, un total de 860 pinturas y 1.200 bocetos, el museo recoge un total de 201 lienzos, 437 dibujos y 31 grabados. El resto

▲ A la izquierda,
El espigador;
y a la derecha,
La habitación.

▶ *Autorretrato,* Van Gogh.

Info

- 🕐 5 (C1)
- ✉️ Museumplein 6
- 📱 www.vangoghmuseum.nl
- 🕐 Todos los días de 9-18 h
- 💰 Caro (gratuito para menores de 18 años). Es muy recomendable y en ocasiones es obligatorio comprar las entradas online
- 🚋 2, 5, 12
- 🚌 347, 357
- ♿ Bueno

de su obra se encuentra repartida por otros museos y colecciones de todo el mundo. La obra de Vincent van Gogh es muy extensa y, si se tiene en cuenta que toda ella fue resultado de solo una década de trabajo, se puede imaginar la capacidad creativa de este pintor que, sin embargo, solo consiguió vender un cuadro en toda su vida. Vincent Van Gogh utilizó el arte como camino de encuentro con su personalidad.

Sus cuadros son el reflejo de su estado de ánimo, de su evolución no solo como artista, sino como persona: un individuo torturado por su existencia, su pesimismo y una gran pesadumbre por depender económicamente de su familia, en especial de su hermano Theo, que trabajaba como marchante de arte en París.

El museo ordena la exposición por etapas, de manera que el visitante, en su paseo, puede contemplar la evolución artística y la vida del pintor. La primera etapa corresponde a sus comienzos como artista en Países Bajos, entre los años 1880 y 1885. A esta época corresponde, por ejemplo, el famoso lienzo *Los comedores de patatas*. De 1886 a 1888 se instaló en París, donde, gracias a su hermano, entró en contacto con pintores impresionistas que comenzaban a despuntar en el mundo del arte de la capital francesa. Allí pintó la mayoría de sus famosos autorretratos como *Con sombrero de paja.*

En 1888 se trasladó a Arlés, donde permaneció un año y pintó quizás uno de los más famosos cuadros de la historia del arte: *Los girasoles.* Arlés fue la mejor etapa de su vida y el colorido y trazado de las obras pertenecientes a esta fase forman la base de la técnica que le ha convertido en un maestro único de la pintura. De allí viajó a Saint-Rémy, donde se sumerge en una gran depresión que oscureció la luminosidad de sus cuadros. *La Piedad,* por ejemplo, corresponde a esta etapa. En 1890 se instaló en Auvers-sur-Oise, donde se suicidó en julio de ese mismo año, pegándose un tiro en el pecho. De esta época es el cuadro *Cuervos sobre campo de trigo,* que es casi un presagio de su muerte.

En las paredes del museo cuelgan además obras de otros pintores contemporáneos y amigos del artista, como Toulouse-Lautrec, Gauguin y Monet. Con alguno de ellos mantuvo una animada correspondencia, y parte de ella se encuentra también expuesta en el museo, aunque quizás las misivas más interesantes sean las enviadas a su hermano Theo en París. Parece que Van Gogh escribía tanto como pintaba y sus cartas eran una especie de diario en el que no solo ponía al corriente a su hermano de la evolución de su trabajo y de su vida, sino de sus pensamientos más profundos. Las cartas que se conservan en el museo ascienden casi al millar y están a disposición de investigadores de la obra y vida de este artista que se automutiló la oreja por una discusión con su amigo Gauguin.

El edificio principal del Van Gogh Museum es un proyecto del arquitecto y diseñador de muebles neerlandés Gerrit Rietveld, quien dejó su sello inconfundible en esta construcción. El museo abrió sus puertas en 1973 y en 1999 se amplió la exposición con una nueva ala a cargo del arquitecto japonés Kisho Kurokawa. Su estudio fue el encargado de diseñar la nueva entrada del museo a través de la Museumplein, inaugurada en 2015.

La nueva entrada, una impresionante estructura curva de vidrio, permite disponer de un espacio adicional de 800 m² para mejorar las instalaciones y dotar al museo de nuevos espacios para conferencias y recepciones.

Anne Frankhuis

En esta casa se escondió durante la ocupación nazi la niña Ana Frank que con su diario consiguió conmover al mundo entero.

La familia Frank, judíos oriundos de Alemania, había conseguido tener una vida próspera en Ámsterdam hasta que fue ocupada por los nazis. Entonces Otto, ayudado por un empleado, decidió esconderse con su familia en el ático del edificio de su empresa, un pequeño espacio de dos pisos. Casi nadie conocía el acceso a este "altillo", ya que se accedía por una puerta disimulada.

El 6 de julio de 1942 se escondieron los cuatro miembros de la familia Frank. El 13 de julio se unió la familia Van Pels y en noviembre, el dentista Friz Pfeffer, que completó así el grupo de ocho personas que permaneció escondido dos años. Ana Frank, entonces una niña, comenzó a escribir sus diarios como terapia de escape. Tras una denuncia anónima, el 4 de agosto de 1944 fueron descubiertos y detenidos. Nunca se supo quién los había denunciado.

A Ana y a su hermana las trasladaron a Bergen-Belsen, donde murieron unas semanas antes de que las tropas británicas liberaran el campo de concentración. El padre logró salvarse y regresó a Ámsterdam. Sus fieles empleados, que siguieron adelante con la empresa durante la ocupación, habían encontrado y guardado los diarios de Ana. Su padre decidió publicarlos y en poco tiempo alcanzaron gran éxito. Se han vendido más de 30 millones de copias y se han traducido a más de 60 idiomas. Tras cerrar su negocio, Otto Frank cedió el edificio a la Fundación Ana Frank, constituida en honor a su hija y a la memoria de toda su familia y de los judíos muertos en campos de concentración.

El museo es uno de los más visitados. Las dos primeras plantas son las oficinas de la empresa de Otto Frank, con testimonios de aquellos años. Se puede subir al ático, más conocido como *achterhuis*, "las habitaciones de atrás", y en el que aún pueden verse las fotos de artistas que pegó Ana. Sus instalaciones han sido reformadas en 2017 y 2018 y eso ha hecho que las entradas solo puedan comprarse online.

La vivienda de la familia Frank está en la plaza Merwedeplein 37/2. Pertenece a la Fundación Ámsterdam Vluchtstad, que la ofrece de manera gratuita a escritores que no puedan escribir en sus países por falta de libertad de expresión.

Info

- 1 (C2)
- Westermarkt 20
- www.annefrank.org/es
- Caro (gratuito para menores de 10 años).Entradas online
- Todos los días de 9-22 h. Cierra fiestas judías (consultar web)
- 13, 14 y 17
- 374, 375
- Audioguía en español gratuita.

▼ Fachada del Anne Frankhuis.

Rembrandthuis

Es la casa donde el artista natural de Delft pintó sus obras maestras y vivió sus grandes amarguras.

6

Rembrandt nació en Delft en 1606, pero se trasladó a Ámsterdam en la década de 1630 y en 1639 compró esta bonita casa en el barrio judío. Su esposa Saskia van Uylenburgh, sobrina del famoso marchante de arte Hendrick Uylenburgh, fue quizás el garante para el pago de esta vivienda, aunque pronto el pintor comenzó a hacerse famoso y a recibir encargos. Saskia y Rembrandt tuvieron cuatro hijos, de los cuales solo sobrevivió uno, Titus.

Su esposa murió en 1642 y el artista se sumió en una gran depresión. Titus se convirtió en su representante y consiguió que su padre volviera a coger los pinceles. Pero su hijo murió de peste en 1668, golpe que el pintor ya no pudo superar. Tras esta pérdida, Rembrandt siguió pintando, sobre todo, autorretratos, que reflejan la gran tristeza y la profunda melancolía en la que estaba sumido.

En 1656 no pudo hacer frente a los pagos de la vivienda, que acabó saliendo a subasta. Murió en la indigencia en 1696.

Info

- 🕐 6 (A2)
- ✉ Jodenbreerstraat 4
- 🖥 www.rembrandthuis.nl
- 🕐 L-D: 10-18 h
- 💶 Caro (gratuito para los menores de seis años)
- 🚋 9, 14
  Nieuwemarkt (salida por Nieuwe Hoogstraat)
  A 15 min caminando desde la estación central
- ♿ Accesible el museo y la tienda, pero la casa original no tiene ascensor

◄ Fachada de la casa de Rembrandt.

La casa tiene varias salas. La principal, donde el artista recibía a sus clientes; la cocina, *su atelier,* la sala para grandes cuadros (donde pintó la *Ronda de noche),* y una habitación en la que daba clase a sus alumnos y donde guardaba su colección de obras de arte, estatuas y recuerdos exóticos.

Todas las dependencias han sido fielmente restauradas y amuebladas con objetos de la época y cuadros y grabados del artista. En 2023 se añadieron nuevos espacios museísticos y un recorrido multimedia gracias al cual la casa de Rembrandt parece cobrar vida.

Barrio Rojo

Es el barrio más visitado, donde no se duerme nunca y la noche se ilumina con luces de neón.

De Wallen es uno de los barrios con más afluencia de la ciudad. Es el barrio conocido como *Rossebuurt,* que en neerlandés quiere decir "barrio rosa", aunque la mayoría lo conoce por su nombre en inglés: *The Red Light District.*

Detrás de la plaza del Dam se extiende un tejido de calles a orillas de pequeños canales surcadas por negocios de prostitución, *sex shops,* espectáculos porno, *coffee shops* y tiendas. Es el mejor ejemplo de que en Ámsterdam, todo, o casi todo, está permitido. Su nombre oficial neerlandés, De Wallen, significa "las murallas", cuando esa zona estaba protegida por murallas de paja y madera, que protegían la ciudad de ataques y del mar.

En este núcleo de origen pesquero, uno de los primeros gremios que se instaló fue el de las prostitutas. Hoy aquí la prostitución es legal y las trabajadoras cuentan con seguros médicos y derecho a pensión. Lo más llamativo de la zona es la manera de exponerlo. Las prostitutas se exhiben en grandes

Info

- 2 (C2)
- Entrada por Warmoestraat, Zeedijk, Nieuwemarkt, Kloveniersburgwal y Damstraat
- Nieuwemarkt
- 4, 9, 14, 16, 24, 25

▶ El Barrio Rojo de noche.

ventanales y escaparates desde los que reclaman la atención de sus potenciales clientes. Muchos de ellos son simples visitantes que pasean tranquilamente por la zona con más curiosidad y asombro que apetito sexual. No se permite hacer fotos.

Una buena manera de conocer los entresijos del barrio es a través del **Prostitutie Informatie Centrum** (centro de información de la prostitución; https://pic-amsterdam.com), en Enge Kerksteeg 3, una iniciativa de una exprostituta, Mariska Majoor. El centro ofrece visitas guiadas, así como un servicio de asesoramiento a prostitutas, ayuda financiera, etc.

El futuro de este barrio típico y tópico de Ámsterdam se ha puesto en duda en los últimos años porque también ha sido escenario de crímenes y problemas con las drogas. Hoy la mayoría de ciudadanos cree que es necesario poner un límite y controlar que sexo y drogas no sea el sello que identifique a una ciudad que tiene mucho más que ofrecer y que es la capital del reino. Por ello se ha favorecido la apertura de nuevos negocios como tiendas de diseñadores de moda, café, anticuarios, etc. que han atraído a otro tipo de visitantes.

▲ Carteles luminosos en algunos de los locales del Barrio Rojo.

Los grandes canales

8

Los grandes canales de Ámsterdam, construidos a principios del siglo XVII, forman un anillo alrededor del casco antiguo.

Info

🕐 Herengracht: 6 (A1-2)
Keizersgracht: 6 (B1-2)
Prinsengracht: 6 (B1-2)

Hay dos maneras de visitarlos: a pie o en barco. La primera opción es la más barata y, si el tiempo acompaña, la más recomendable, aunque, eso sí, es una caminata larga de al menos dos horas. La segunda opción es coger uno de los numerosos barcos que salen de la calle Damrak.

Los grandes canales destacan por la belleza de las casas que surcan sus orillas. En 1612, la cúpula de poder de la ciudad: mercaderes, políticos y eclesiásticos, compartían su espacio en el centro antiguo con las clases más pobres y los gremios artesanales. Decidieron construir estos nuevos canales y poner a la venta los terrenos situados en sus orillas a precios solo asequibles para los más adinerados. Fue la mejor solución para separarse del hacinamiento de las calles más céntricas y dar la espalda a la pobreza y a las clases bajas.

El Canal de los Señores

El primero en contruirse fue el **Herengracht,** el canal de los Señores, bautizado así en honor a los grandes promotores de la idea. Está situado entre el Keizergracht y el Singel. El Singel era el canal que bordeaba el centro y donde estaban la mayoría de los negocios y oficinas de los grandes comerciantes.

En el Herengracht está la llamada **Gouden Bocht,** la Curva de Oro, famosa por sus mansiones. La **casa Bartolotti,** en el número 170-172, es la más ancha

▼ Canal de Herengracht.

del canal, ya que sus propietarios compraron varios terrenos colindantes. Data de 1617 y se construyó para Willem van der Heuvel. Su escalera de entrada es mezcla de los estilos barroco y renacentista.

En el número 170 habitó el gran organista y profesor honorario de Harvard Gustav Leonhart que fallecía en 2012. En el número 502, está la residencia oficial del alcalde de la ciudad. En los números 412 y 168 hay dos jardines históricos del siglo XVII. En el 573 se puede visitar por dentro otra mansión, ya que es sede del Museo de los Bolsos (Tassenmuseum).

El Canal del Emperador

El **Keizersgracht** fue el segundo en construirse y corre paralelo al Herengracht. Su nombre se debe al emperador Maximiliano de Austria. De los tres grandes canales, es el más ancho, lo que permite mayor entrada de luz y un toque señorial a todas las casas que lo surcan.

En el número 123 podemos ver la **casa de las Cabezas** (Het Huis met de Hoofden), incluida en la lista de la Unesco. Se llama así por las cabezas que decoran la fachada. Según la leyenda popular representan a seis ladrones decapitados por una valiente cocinera. Otra versión las identifica con dioses de la mitología griega (Apolo, Ceres, Marte, Minerva, Baco y Diana). La casa se construyó en 1622 para el comerciante y mecenas del arte Nicolaas Sohier. Desde 2016 es sede de la **Biblioteca Filosófica Hermética** que guarda la primera edición ilustrada de la *Divina Comedia* de Dante entre sus 29.000 libros y manuscritos.

El canal de los Príncipes

El tercer canal es **Prinsengracht,** un homenaje al príncipe Guillermo de Orange. Estos terrenos eran los más baratos, por lo que fueron adquiridos por la burguesía, comerciantes adinerados o maestros artesanos.

Las casas destacan por su belleza y armonía con el paisaje. Es un museo al aire libre de los diferentes tipos de gabletes con los que se coronan los tejados. Se pueden ver en escalera, acampanados, en línea... Uno de los más bonitos ejemplos de gablete escalonado doble está en el número 2-4, esquina con el Brouwersgracht. A mitad del canal se halla el **Deutzenhofje,** fundado en 1694, agrupación de casitas en torno a una zona ajardinada donde se acogía a los más necesitados.

▲ Los paseos en barca son una actividad muy común en Ámsterdam.

Mercado flotante de las flores

9

El mercado de las flores, Bloemenmarkt, es un mercado flotante. Sus orígenes se remontan al año 1862, cuando los cultivadores de flores venían a la ciudad en barcas a vender sus cosechas.

L as barcas amarraban a lo largo del canal Singel y desde ellas se vendían las flores a mayoristas. Estos repartían la mercancía por el resto de la ciudad a través de sus tiendas o puestos en otros mercados.

Hoy el Bloemenmarkt lo visitan minoristas. Las barcazas antiguas han sido sustituidas por auténticos invernaderos flotantes que permanecen amarrados allí todo el año, ya que el mercado abre a diario. En tierra firme han abierto puestos que venden bulbos de tulipanes empaquetados para su traslado.

El mercado flotante es un lugar inolvidable por su aroma y su belleza multicolor. Pasear alrededor de los puestos de flores es una explosión para los sentidos. Los habitantes de la ciudad dicen que

Info

- 6 (A1)
- A lo largo del canal Singel, entre las calles Vijzelstraat y la plaza Koningsplein
- L-S: 9-17.30 h; D: 11-17.30 h
- 1, 2, 5
- 355 (parada Muntplein)

todo lo que crece y florece se puede comprar en el Bloemenmarkt: desde tulipanes hasta cipreses japoneses o especies exóticas de flores. El tulipán es el símbolo de Países Bajos, aunque es originario de una remota región de China. Llegó a Europa a través del puerto de Amberes en el siglo XVI y pronto se convirtió en una flor preciada. Países Bajos se convirtió en el mayor exportador de tulipanes y bulbos del mundo.

Los habitantes esperan la época de tulipanes para decorar sus casas. Son expertos en su cuidado: poca agua y cortar el tallo en diagonal. Los ceramistas de Delft crearon jarrones especiales para tulipanes, con apertura individual para el tallo de cada flor. Se pueden encontrar en el mercado y en muchas tiendas de recuerdos de Ámsterdam. En Navidad, las flores dejan espacio a los abetos, y todos los árboles que brillan en las casas se han adquirido, sin duda, en los puestos flotantes del Bloemenmarkt.

▼ Puesto de mercado flotante de flores.

Albert Cuypmarkt

10

El mercado más famoso es un crisol de culturas, colores y aromas. Es el corazón multicolor de una ciudad que es de todos y para todos.

En Ámsterdam se celebran numerosos mercados, algunos de ellos con mucha solera y siglos de tradición a sus espaldas. Sin embargo, el más famoso de todos, dentro y fuera de la ciudad, es relativamente joven.

A principios del siglo xx se reunían en este lugar, de una manera desordenada, comerciantes de verduras y frutas, así como de otros productos perecederos. Plantaban sus carromatos en medio de la calle sin control alguno y eran frecuentes las peleas entre los vendedores.

El ayuntamiento de la ciudad decidió tomar cartas en el asunto y organizar el mercado para evitar el caos, para lo que otorgó permisos reglados y sitios fijos a los feriantes que querían vender en él

Info

- 5 (D2)
- Entre las calles Ferdinand Bolstraat y de van Woustraat
- L-S: 9.30-17 h
- www.albertcuyp-markt.nl
- 3, 4, 12, 16, 24
- 356

sus mercancías. En 1912, el ayuntamiento concedió permiso para la celebración diaria del mercado, y así continúa desde entonces. Llueva o nieve, el mercado de Albert Cuyp siempre está abierto.

Está situado en el corazón del barrio obrero De Pijp, y comenzó a construirse en el siglo XIX. Este mercado recibe cada día la visita de 20.000 personas.

Si en Ámsterdam conviven más de 175 nacionalidades, todas ellas pueden verse reflejadas en el Albert Cuyp, donde se puede comprar de todo, desde frutas exóticas hasta saris indios hechos a mano.

También las tiendas de telas que abren sus puertas en este mercado casi escondidas detrás de ellos. Sin duda es una tentación constante, porque casi nadie puede resistirse a recorrer los cerca de los 3 km de mercado sin comprar nada, aunque solo sea un *haring* (arenque ahumado) para matar el hambre.

◄ Algunos de los puestos de mercado en el Albert Cuypmarkt.

Visita
a la
ciudad

Ámsterdam

Ámsterdam es una ciudad pequeña. El centro puede considerarse un pueblo en relación con otras capitales europeas. Es fácil recorrerla, además cuenta con una excelente red de transporte público que atraviesa todas las arterias principales. La zona centro contiene la esencia del viejo Ámsterdam, aunque también es recomendable visitar barrios periféricos, como el barrio judío del sureste de la ciudad, o las granjas monumentales de Ámsterdam Norte. A pie, en tranvía, en autobús, en barco o en bicicleta, esta magnífica ciudad le descubrirá sus rincones más especiales que le susurrarán su historia.

I Ámsterdam

Canal de Prinsengracht en Ámsterdam.

Los visitantes que llegan a la ciudad lo hacen buscando con curiosidad el Barrio Rojo, aunque lo cierto es que Ámsterdam tiene muchísimo más que ofrecer que las viejas calles surcadas de burdeles y *coffee shops*. Su oferta cultural es de las más importantes de Europa y en sus tres museos principales, el Rijksmuseum, el Van Gogh Museum y el Stedelijk Museum, se pueden contemplar obras maestras de los más grandes artistas de la historia del arte.

Quienes disfruten de la arquitectura no se sentirán defraudados en esta ciudad, ya que parece más un museo al aire libre en el que contemplar los estilos arquitectónicos que han marcado los gustos desde el siglo xv hasta nuestros días. Y si lo que se busca es entretenimiento, tampoco Ámsterdam se queda corta en este sentido: desde los más modernos establecimientos de restauración hasta los viejos *bruin cafés*, algunos ya centenarios.

Restaurantes, discotecas, pubs, *coffee shops*, teatros, cines, salas de conciertos…, las plazas de la ciudad sorprenderán al visitante con diversión en pequeñas dosis, concentraciones de establecimientos con especialidades para todos los gustos y bolsillos.

Solo hay una recomendación que hacer para disfrutar de esta ciudad como uno más de sus ciudadanos: siéntase en casa, siéntase libre y, si puede, siéntese a pedalear en una bicicleta.

▼ Escultura en los jardines del Rijksmuseum.

LO QUE HAY QUE VER EN EL CENTRO DE ÁMSTERDAM

❙ DE JORDAAN　　　　　　　　　★★★

En una ciudad llena de barrios con historia, si hay uno que pueda representarla, es, sin duda, el Jordaan.

De orígenes obreros, hoy De Jordaan solo es asequible para los bolsillos adinerados. Se construyó durante el siglo XVIII y, quizás porque estaba destinado a alojar a familias pobres, los arquitectos no mostraron mucho interés en continuar el trazado firme y elegante de sus barrios vecinos: los grandes canales. De ahí que sus calles sean retorcidas e inclinadas, pero este mismo caos ha dotado de un cierto encanto al que se considera el barrio emblemático de la ciudad.

Los terrenos no estaban destinados a grandes mansiones como en el Prinsengracht, sino a casitas y negocios de los gremios menores. Uno de sus habitantes más famosos fue el pintor Rembrandt, que, cuando perdió su fortuna, se instaló en una casa del Rozengracht.

El Ayuntamiento comenzó a restaurarse por su proximidad al casco antiguo, pese a la oposición de los vecinos que creían que los alquileres se incrementarían, como así fue. Las reformas se hicieron de forma paulatina y a finales del siglo XX artistas e intelectuales comenzaron a adquirir casas en el Jordaan y a instalar allí sus estudios y talleres. Alcanzó gran popularidad y los precios se dispararon, por lo que los obreros e inmigrantes tuvieron que trasladarse a la periferia.

▼ Un rincón del Jordaan.

Las viejas tiendas de ultramarinos han dejado paso a *boutiques* con lo último en moda y diseño. Los cafés y las *brasseries* que inundan las calles con sus bonitas terrazas durante la primavera y el verano han sustituido las tascas de antaño. El Jordaan es hoy un enclave mucho más burgués que obrero, pero, eso sí, cautiva a todos por igual.

I BROUWERSGRACHT ★★★

Es uno de los canales que pertenecen al llamado cinturón de los grandes canales. Forma parte de los límites del barrio del Jordaan y une el Singel con el Singelgracht. Desde él comenzaron a excavarse los grandes canales allá por 1612. Su nombre hace referencia al gremio que lo habitó durante los siglos XVI y XVII: los destiladores de licores y los cerveceros. Hoy queda una destilería de ginebra, que abrió sus puertas en 1782 (Driehoekstraat 10).

Los edificios que albergaban bodegas hoy son viviendas particulares en las que aún se puede contemplar la funcionalidad de su arquitectura.

Clasicismo neerlandés en la fachada monumental del número 218 (siglo XVI), a partir del diseño de Philips Vingboons, quien también construyó parte del Begijnhof. Originariamente seguían este estilo, conocido como *miniaturas de Vingboons,* las fachadas de los edificios que ocupaban el 218, el 220 y el 222, que se llamaban *Geloof* (fe), *Hoop* (esperanza) y *Liefde* (amor), pero solo subsiste la primera. La fachada del 220 se transformó en el siglo XVIII y la del 222 fue demolida.

◷ 2 (A-B1)
✉ Entre el Singel y Lijnbaansgracht
🚊 1, 2, 5, 6, 13, 17

▼ Brouwersgracht.

- 🕐 1 (B2)
- ✉ Noorderkerkmarkt 48
- 🌐 www.noorderkerk.nl
- 🕐 L y S: 10.30-12.30 h (igual que el mercadillo de la plaza). Misas, D: 10 y 18.30 h
- 🚍 3,10,13,14,17
- 🎫 Gratis
- ♿ Bueno

¿Sabías que...?

De lunes a sábado se realiza en las paredes de la iglesia la proyección titulada *Vincent meets Rembrandt: the Untold Story* (https://vincentmeetsrembrandt.com) una experiencia inmersiva en 360º llena de colorido que explica la fascinación del pintor impresionista por su antecesor barroco.

▶ Exterior de la Noorderkerk, junto al canal Prinsengracht.

- 🕐 1 (B2)
- ✉ Eerste Egelantiersdwarsstraat 1-5
- 🚍 6, 13, 14, 17
- 🎫 Gratis

❙ NOORDERKERK ⭐⭐

Construida en el siglo XVII, es una de las iglesias protestantes más importantes de la ciudad y aún está dedicada al culto religioso.

Comenzó a construirse en 1620 bajo las órdenes del maestro Hendrick de Keyser, que murió un año después. Se hizo cargo del proyecto Hendrick Staets, que siguió los planos de su antecesor, pero se atrevió

a añadir pequeñas capillas triangulares en los ángulos de la cruz griega que forman su planta. Los ornamentos son obra del hijo de De Keyser, Pieter.

Tiene un bonito órgano que suena durante las misas y los conciertos que se celebran a lo largo del año. Es una pieza de 1847 construida por Nijhoff.

❙ CLAES CLAESZOON HOFJE ⭐⭐

Este jardín es pequeñito, pero está lleno de historia. Data del siglo XVII, cuando el comerciante textil Claes Claeszoon, que había hecho su fortuna en las Indias Orientales, decidió construir unas casitas con jardín en unos terrenos de su propiedad, en la calle Egelantiersstraat.

En 1615, gracias a la caridad de Claeszoon, llegaron los primeros ancianos para ocuparlas gratuitamente. En el siglo XVIII las ocupó un gremio de herreros que fundían y fabricaban espadas. A partir de 1925 las viviendas quedaron abandonadas y después de la Segunda Guerra Mundial el ayuntamiento planeó derribar casi todos los edificios del barrio del Jordaan y levantar construcciones nuevas. Por fortuna, muchos vecinos y asociaciones se negaron y se agruparon en la Fundación Diógenes. En el número 50 de la misma calle, Egelantiersstraat, vivía Claeszoon.

| ● 1 (C2)
| ✉ Prinsengracht 116
| 🌐 amsterdamtulipmuseum.com
| 🕐 L-D: 10-18 h
| 🚋 13-17 (parada Westerkerk)
| 🚌 21, 170, 171, 172

| AMSTERDAM TULIP MUSEUM ★★

Está en el Jordaan y abrió sus puertas en 2004 para reunir en un solo espacio la historia sobre el tulipán y su

relación con el país del que se ha convertido en símbolo indiscutible. Sin embargo, no es originario de Países Bajos, y aun así, hoy no podríamos pasear por Ámsterdam sin pensar en sus canales y en los tulipanes.

▲ Amsterdam Tulip Museum.

| WOONBOOTMUSEUM ★

Muchos amsterdameses viven sobre el agua en los famosos *woonboten* o barcos-casa. Son grandes barcazas convertidas en completas viviendas con sus habitaciones, salas de estar, baño e incluso jardines.

La mayoría están amarrados en la vereda del Amstel y en el puerto de la ciudad, que cuenta con unos 2.500 barcos-casa. El de Prinsengracht se ha transformado en museo para ver cómo son estas viviendas flotantes. Se llama *Hendrika Maria,* tiene 23 m de eslora y antaño fue barcaza de transporte de mercancías.

| ● 1 (D2)
| ✉ Prinsengracht 296
| 🌐 www.houseboatmuseum.nl
| 🕐 M-D: 10-17 h.
| Nov-feb, J-D: 10-17 h.
| 🚋 6, 13, 14, 17
| ♿ No
| 💶 Barato

| PRINSENGRACHT (▶31) ★★★

| ANNE FRANKHUIS (▶26) ★★★

▌ KEIZERSGRACHT (▶31) ★★★

▌ HERENGRACHT (▶30) ★★★

▌ WESTERKERK ★★★

Construida en el siglo XVII (1631), es la iglesia de culto protestante más grande del país. Su torre es famosa en la ciudad y a ella hacía referencia Ana Frank en su diario cuando describía lo poco que podía ver desde la ventana de su escondite.

La iglesia es obra de Hendrick de Keyser, en estilo renacentista neerlandés. La torre mide 85 m de altura y está coronada por un campanario. El carillón es obra de François Hemony, y toca los martes de 12 h a 13 h.

La familia de Rembrandt está enterrada aquí y se sabe que, a pesar de morir en la más absoluta pobreza, el pintor pudo ser enterrado en ella en una tumba alquilada. No se ha podido identificar su tumba y a principios del siglo XX se decidió colocar una placa con su nombre cerca de la tumba de su hijo Titus.

▌ SINGEL ★★★

Es uno de los canales más antiguos. En el siglo XV formaba los límites de la ciudad y, más que un canal, era el agua del foso que bañaba las murallas. Con el tiempo ha cambiado de nombre varias veces. En el siglo XV se conocía como el Stedegracht y en el siglo XVII, como Koningsgracht (en honor al rey Enrique IV de Francia).

Es sede del mayor mercado de flores flotante del mundo, el **Bloemenmarkt**. Sobre sus aguas se erige

◄ Atardecer sobre las casas tradicionales del canal.

el **puente Torensluis** (1648), uno de los más antiguos. Baña además una de las plazas históricas de la ciudad, la **Muntplein** o plaza de la Moneda.

En el número 11 del Singel está la **Ronde Lutherse Kerk,** iglesia luterana de 1671, y en la esquina con el Spui, la **Oude Lutherse Kerk** (Antigua Iglesia Luterana), de 1633. A pesar de que quedan pocas casas originales, sí pueden verse algunas en los números 88-85, conocida como Het Oude Veerhuis de Swaen; en el 36 la casa Zeevrugt; en el 116 Het Huis met de Neuzen o Casa de las Narices; la casa De Dolphijn, en el número 140-142; la casa más pequeña del mundo, en el 166; la casa Bouwkonst, en el 390; y en el 423, fachada de Hendrick de Keyser en la Bushuis. En el 38 está el barco de los gatos (De Poezenboot).

I **DAM (▶20)** ∗∗∗

I **NATIONAAL MONUMENT (▶21)** ∗∗

I **KONINKLIJK PALEIS (▶21)** ∗∗∗

I **NIEUWE KERK (▶21)** ∗∗∗

I **MADAME TUSSAUD'S (▶21)** ∗

I **WESTINDISCH HUIS** ∗∗
En 1623 se convirtió en el cuartel general de la West-Indische Compagnie (WIC), la Compañía de las Indias Occidentales. En una de sus salas se ordenó la fun-

🕐 2 (B1)
✉ Haarlemmerstraat 75
🚋 1, 2, 5, 6, 13, 17
🚌 18, 22

dación del famoso Manhattan en una isla del Nuevo Ámsterdam (hoy Nueva York). Los Heren XIX (los diecinueve caballeros) que formaban la cúpula directiva de la WIC se reunían aquí para tomar decisiones que afectaban sobre todo a la fundación de fuertes y ciudades en el Nuevo Mundo.

Los distritos de la Gran Manzana, conocidos hoy como Brooklyn y Haarlem, nacieron en un papel firmado entre sus paredes. Sus nombres provienen de las ciudades neerlandesas de Harlem y Breukelen. Hoy es un monumento de propiedad municipal y se utiliza para la celebración de congresos, bodas y eventos.

CENTRAAL STATION ★★★

La estación central de Ámsterdam es uno de los edificios más imponentes de la ciudad, con una fachada neogótica que no deja indiferente. Fue sometida a una importante reforma para recuperar el esplendor que el edificio lució en la época de su inauguración, en 1889.

Obra del arquitecto Cuypers (Rijksmuseum) y del ingeniero Gendt, se convirtió en la primera estación de trenes en Países Bajos diseñada por un arquitecto de renombre. Se consiguió lo que parecía imposible, una estación en el centro sin que las líneas ferroviarias entorpecieran la circulación. Para proteger la estación del mar fue necesario construir tres islas artificiales sobre el Ij.

Es la más grande del país y cuenta con conexiones con el resto de Países Bajos y las principales ciudades del centro de Europa. Desde aquí sale el *Thalys*, que une Ámsterdam con París en unas tres horas y cuarto. Detrás, a orillas del Ij, se construyó una nueva estación de autobuses en 2014.

SINT-NICOLAASKERK ★★★

Esta iglesia está considerada como la catedral sobre el Ij. San Nicolás es el patrón de la ciudad y la iglesia preside Ámsterdam desde su situación privilegiada al otro lado de la estación central. Su torre es visible desde muchos puntos y luce majestuosa tras su última restauración.

Fue construida por el arquitecto A. C. Bleijs en el siglo XIX. Su nave tiene forma de cruz latina y el conjunto arquitectónico sigue los cánones del neorrenacentismo y del neobarroco, en contraposición a la moda de la época, que solía ser fiel al neogótico impuesto por Cuypers, el arquitecto de la Centraal Station. Este estilo inusual, no solo para la época sino también para un edificio religioso, ha convertido la Sint-Nicolaaskerk en uno de los monumentos más importantes del siglo XIX en la ciudad.

⊙ 2 (B2), 3 (B1)
✉ Stationplein
🚃 1, 2, 4, 5, 6, 9, 13, 16, 17, 24, 25
🚢 Barco de los museos: parada 1
♿ Bueno

¿Sabías que...?

En la entrada de la estación central se ha inaugurado en enero de 2023 el primer parking subacuático de bicicletas del mundo con capacidad para unas 11.000 unidades.

⊙ 2 (B-C2), 3 (B-C1)
✉ Prins Hendrikkade 73
🌐 https://nicolaas-parochie.nl
🕐 L y S: 12-15 h. Misas en español, D: 13 h; V: 12.30 h
🚃 1, 2, 4, 5, 6, 9, 13
♿ Bueno
🎟 Gratis

I SCHREIERSTOREN ★★

Esta torre, que data del siglo xv, formaba parte de la muralla que protegía la ciudad. Seguramente en su origen fue una torre vigía, entonces estaba frente al mar y tenía una buena visibilidad ante posibles invasiones. Significa "Torre de las Lágrimas" y para explicar su nombre existen dos versiones: una dice que las esposas y las madres de los marineros que partían desde Ámsterdam a tierras lejanas venían a despedirlos desde esta torre y la regaban de lágrimas.

La otra está basada en la placa que hay en un lado de la torre en la que se puede ver a una mujer que llora desconsoladamente mientras contempla un barco. Parece ser que esta placa se puso con posterioridad coincidiendo con una gran tormenta que asoló el puerto y en la que se perdieron muchas vidas y embarcaciones.

Actualmente es un café restaurante y dentro, a través de un recuadrito en las paredes ya restauradas, se puede contemplar cómo era el muro original.

- 🕐 3 (C1)
- ✉ Prins Hendrikkade 94-95
- 🕐 L-D: 9-20/21 h.
- 🖥 www.weepingtower.nl
- 🚌 1, 2, 4, 5, 9, 13, 16, 17, 24, 25
- 22, 32
- 🚊 Centraal Station
- ♿ No
- 🍴 Gratuita, es un café llamado Café de VOC

I SCHEEPVAARTHUIS ★★

Diseñado entre los años 1912 y 1916 por los arquitectos Van der Mey, De Klerk & Kramer, este edificio, hoy monumento nacional, fue el primero que siguió completamente los cánones de la Escuela de Ámsterdam, icono estilístico del siglo xx en los Países Bajos.

Los arquitectos y los artesanos trabajaron arduamente para conseguir el objetivo de la obra: combinar la funcionalidad, puesto que iba a ser un edificio de oficinas para un grupo de importantes compañías navieras, con la tradición marítima de la ciudad y el diseño. En su ornamentación hay símbolos que son un guiño al pasado naviero de Ámsterdam, como las referencias

- 🕐 3 (C1)
- ✉ Prins Hendrikkade 108-114
- 🖥 www.amrathamsterdam.com/en
- 🚌 22, 32, 33, 34, 35, 39
- 🚊 Centraal Station

▲ El edificio neogótico de la Estación Central.

a la VOC (Compañía de las Indias Orientales). En 1926 se realizó una ampliación que respetó el estilo original. No se escatimó en gastos y se usó mármol, terracota, granito y piedras color cobre importadas de Inglaterra. Los materiales nobles inundaron también su interior en paredes, muebles y cortinas. Las vidrieras del edificio son obra del artesano W. Bogtman.

Las navieras disfrutaron de estas lujosas oficinas hasta 1981, fecha en la que las ocupó la compañía municipal de transportes. En 1997, el millonario Van Eijl, propietario de la cadena hotelera *Amrâth,* compró el edificio para transformarlo en un hotel de cinco estrellas que se inauguró en 2007 con el nombre de *Grand Hotel Amrâth Amsterdam.*

I MUSEUM ONS' LIEVE HEER OP SOLDER   **

Nuestro Querido Señor en el Ático, antes conocido como **Amstelkring**, es una mansión del siglo XVII en cuyo ático se escondió una iglesia católica durante la Reforma. En 1661, el comerciante Jan Hartman compró esta casa formada por tres edificios que compartían un amplio ático. Hartman decidió convertir su ático en un templo donde su familia y amistades pudieran seguir celebrando misas y cumpliendo con las tradiciones de los ritos católicos.

En 1739 el edificio pasó a manos del pastor Ludovicus Reiniers, que siguió utilizando la iglesia pero abrió un acceso directo desde la calle con unas escaleras exteriores. Se convirtió en la parroquia del barrio, estatus que perdió en 1887. El grupo católico *Amstelkring* compró el conjunto en 1888 y lo salvó de la demolición.

En 1988 se convirtió en un museo en el que no solo puede verse la iglesia clandestina con sus pinturas iniciales, sino también la sala de visitas y los muebles originales que la convierten en la sala mejor conservada en el país de la época del Siglo de Oro.

I BEURS VAN BERLAGE   **

El edificio de la Bolsa toma su nombre del arquitecto Hendrik Petrus Berlage (1856-1934), que terminó de construirlo en 1903. Fue su proyecto más ambicioso y un encargo del ayuntamiento que inauguró la obra arquitectónica con todos los honores y la presencia de la reina Guillermina. Estaba destinado a ser la sede de la Bolsa y de la Cámara de Comercio, sin embargo, en poco tiempo el edificio se quedó pequeño y en 1912 la Bolsa se trasladó a su nueva ubicación en la calle Beursplein 5. En 1987 comenzó a usarse como centro de exposiciones, conciertos, congresos y otros eventos.

El reloj de la torre recuerda aún la función original del inmueble y suena todos los días unos momentos

MUSEUM ONS' LIEVE HEER OP SOLDER

- ● 2 (C2)
- ⊠ Oudezijds Voorburgwal 40
- ♦ https://opsolder.nl
- ● L-S: 10-18 h; D y fes: 13-18 h
- ▣ 4, 9, 16, 24 (parada Dam)
- ⊗ Nieuwmarkt. A 5 minutos caminando de la estación central de ferrocarril
- ⊜ Caro

BEURS VAN BERLAGE

- ● 2 (C2)
- ⊠ Damrak 243
- ♦ https://beursvanberlage.com
- ● L-D: 9-17 h
- ▣ 4, 9, 16, 24
- ♿ Bueno
- ⓘ Restaurantes, escape room, etc.

antes de que se abran los mercados financieros. Decoran la fachada estatuas del fundador de la ciudad de Ámsterdam, Gijsbrecht van Amstel; del almirante de la armada neerlandesa y conquistador de tierras lejanas, Jan Pieterszoon Coen, y de Hugo de Groot, famoso jurista y redactor de las leyes neerlandesas.

I OUDE KERK ★★★

Más que una iglesia es un cementerio histórico, ya que en ella están enterradas más de 60.000 personas, muchas de ellas miembros destacados de la ciudad. La falta de sitio impidió más enterramientos hacia finales del siglo XIX. Años de investigación han dado como resultado la puesta en marcha de un proyecto que pone la tecnología al servicio de la historia.

Se ha elaborado una base de datos con los registros de las tumbas que se han podido identificar y catalogar hasta el momento (unas 8.000) y cuya información se ha hecho pública a través de Internet (en *www.gravenopinternet.nl,* también en español, se pueden consultar datos de los enterrados en la iglesia).

Oude Kerk es el monumento más antiguo de la ciudad, pues sus orígenes se remontan al siglo XIV como iglesia católica. A partir de 1578 pasó a manos protestantes, después de que durante la *Beeldenstorm* (1566), la tormenta de imágenes, se destruyera toda la imaginería católica y la iglesia quedara convertida en un sobrio templo. Actualmente acoge exposiciones de arte contemporáneo.

2 (C2)
Oudekerksplein 23
(Torre: acceso por
Oudekerksplein 17)
https://oudekerk.nl
L-S: 10-18 h; D: 13-17.30 h.
Torre: 12-17 h; X cerrado.
4, 9, 16, 24, 25
Nieuwmarkt
Bueno
Moderado

▼ Alrededores de la
Oude Kerk.

La torre, que data de 1325 y que se sometió a una profunda restauración, se puede visitar aparte. En 1564 se elevó unos metros más y, en 1749, la estructura original de madera se revistió de piedra. Tenía dos funciones principales: por un lado, demostrar la superioridad divina de Dios, y por otro, asegurar la defensa de los ciudadanos, ya que en ocasiones se utilizaba como torre vigía. Tiene cuatro campanas bautizadas con los nombres de Fé, Esperanza, Amor y Libertad.

También cuenta con un carillón de 47 campanas, obra de uno de los hermanos Hemony en 1658, que se pone en funcionamiento en días festivos.

I BARRIO ROJO (▶28)   ★★★

I EROTISCH MUSEUM   ★

En el Barrio Rojo de Ámsterdam no podía faltar el museo erótico. Es una manera más de disfrutar del sexo desde una perspectiva más cultural que carnal, misión que ya cumplen el resto de locales en De Wallen.

Su biblioteca contiene 500 libros eróticos de todos los tiempos. Ofrece desde la cara más tierna e inocente del erotismo, con los tímidos juegos eróticos del pasado, hasta la más dura, con una exposición de objetos sado. En el jardín, llamado *Kaboutertuin* (el jardín de los enanitos), se exhiben dibujos animados eróticos.

- 2 (C2), 3 (C1)
- Oudezijds Achterburgwal 54
- https://erotisch-museum.nl
- L-D: 11-1 h
- 4, 9, 14, 16, 24, 25
- Limitado
- Moderado

▶ Entrada al Museo Erótico.

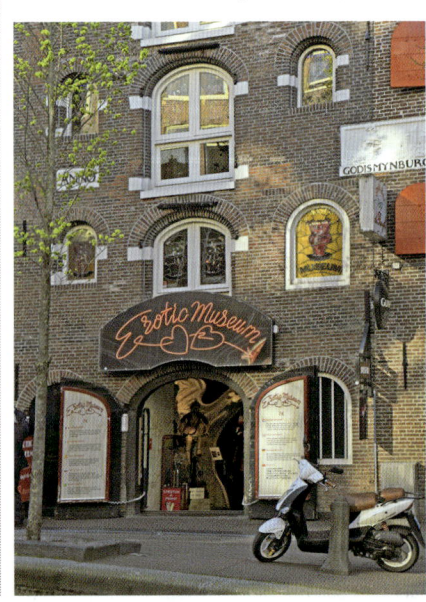

▎NIEUWEMARKT (BARRIO CHINO)   ***

Es la plaza en la que se encuentra De Waag y forma parte del barrio chino, situado junto al Barrio Rojo. Los primeros pobladores chinos de Ámsterdam solían cargar y avivar el carbón en los grandes barcos, por eso el barrio surgió cerca del antiguo puerto. Al desaparecer esta industria abrieron tiendas y restaurantes. Actualmente la gastronomía china convive con restaurantes de comida tailandesa, japonesa, indonesia o tibetana.

Nieuwmarkt data de 1614 y desde entonces ha sido sede de un mercado que se celebra todos los días. Los sábados hay un mercado de productos ecológicos y los domingos, de antigüedades y ropa. Además de mercado, la plaza fue lugar de ejecuciones en época medieval: a los reos, torturados y desmembrados, se los colgaba públicamente en la plaza para dar ejemplo al resto de los ciudadanos.

Durante la ocupación alemana, los nazis agrupaban aquí a los judíos que iban a ser deportados a los campos de concentración. Este pasado tan siniestro persiguió a la plaza hasta entrada la década de 1990, ya que era centro de reunión de delincuentes y drogadictos. El ayuntamiento reforzó la seguridad y la convirtió en un lugar animado con muchos restaurantes y cafés.

▎WAAG   ***

Situado en la Nieuwmarkt, es uno de los edificios medievales mejor conservados de Ámsterdam. En el siglo XV formaba parte de la muralla que protegía la ciudad y era conocida como Sint Antoniespoort, o la Puerta de San Antonio. De la muralla medieval que

🕐 2 (C2)

▲ La plaza Nieuwmarkt sirve diariamente de marco a un animado mercado.

🕐 2 (C2)
✉ Nieuwmarkt, 4
🏠 whttps://indewaag.nl
🕐 Es un café. 9-22.30 h
🚋 4, 9, 14, 16, 24, 25
Ⓜ Nieuwmarkt
♿ Limitado
💲 Gratis

rodeaba la ciudad queda poco ya, solo la Waag, la Schreierstoren y la Munttoren.

La Waag se construyó alrededor de 1488 y era un pórtico con dos torres que daban a la ciudad, por un lado y por el otro, a otra puerta con dos torres orientadas al canal. Entre ambas puertas había una especie de plaza.

En una de las torres de la Waag, la que se encuentra en la esquina de Zeedijk con Geldersekade, vemos los ladrillos más antiguos de Ámsterdam, que forman una placa que reza: "El 28 de abril de 1488 se puso la primera piedra de este pórtico". En el siglo XVII las murallas comenzaron a desmoronarse y el pórtico de San Antonio perdió su funcionalidad. Se cubrió el espacio entre las dos puertas y las cuatro torres y se fundó la Waag, o casa de peso público.

La otra casa de peso público, situada entonces en la plaza Dam, se había quedado pequeña, de manera que la nueva alivió a los comerciantes. En el piso superior se establecieron las oficinas centrales de diferentes gremios como los herreros, los albañiles, los pintores y los cirujanos. Cada uno de ellos tenía su propia entrada a través de las numerosas puertas que rodean el edificio. Sobre ellas figuraban las referencias al gremio correspondiente, como la estatua de Hendrick de Keyser so-

◀ La Waag, uno de los
edificios medievales
mejor conservados.

bre la entrada de los albañiles, o las palabras "Theatrum Anatomicum" para el gremio de los cirujanos.

A finales del siglo XVII se añadieron al conjunto una cúpula y una torre central, con lo que adquirió su aspecto actual. En los últimos años su función ha variado y ha sido desde casa de bomberos hasta sede de diferentes museos. Entre los años 1989 y 1994 estuvo vacía, hasta que el ayuntamiento decidió poner en marcha una fundación, llamada **Centrum De Waag,** que protegiera el edificio. La labor de esta fundación fue poco fructífera y terminó por disolverse.

Hoy el edificio aloja un café restaurante en la planta baja y en la superior está la **Waag Society,** una fundación que desarrolla aplicaciones creativas para la innovación social.

I HASH MARIHUANA HEMP MUSEUM   ✱

El Museo del Hachís y la Marihuana muestra pasado, presente y futuro de la planta del cannabis. Desde que abrió sus puertas en el Barrio Rojo en 1987 (hubo una renovación en 2012) el museo ha recibido la visita de más de dos millones de personas interesadas en conocer los efectos de estas drogas y sus usos a través de la historia. Además de una exhibición de

🕐 2 (D2)
✉ Ouderzijds
   Achterburgwal, 148
📷 https://hashmuseum.com
🕐 L-D: 10-22 h
🚎 4, 9, 16, 24, 25 (parada Dam)
♿ Bueno
💶 Moderado, incluye
   audioguía (gratis para
   menores de 13 años)

UN PASEO A PIE

El viejo Ámsterdam

Duración
45 minutos

Principio
Plaza Dam

Fin del trayecto
Plaza Dam

Transporte
🚌 4, 9, 16, 24, 25

❚ Este es un paseo de contrastes. Por un lado, el centro antiguo con la universidad como bandera de la libertad de pensamiento y centro de difusión cultural a orillas de lo que antaño eran las murallas de protección, y al otro lado, el Barrio Rojo poblado de calles dedicadas al oficio más viejo del mundo, más viejo aún que la ciudad. También están los templos: protestantes, católicos y budistas. Y cómo no, arte y diseño, con los *ateliers* de los diseñadores más prometedores del país.

Al subir por Damstraat hacia el canal Ouderzijds Voorburgwal, cruzamos por el puente al otro lado de la orilla y giramos a la derecha.

❚ En el número 266 está el **Prinsenhof,** hoy Grand Hotel. Podemos cruzar el pórtico y adentrarnos en el patio para contemplar su increíble fachada. En el número 231 está la entrada al **Athenaeum Illustre,** origen de la universidad.

Giramos a la izquierda por Grimburgwal y al otro lado del puente ya se divisa el imponente pórtico del **Oudermanhuispoort.** Este pasaje cobija el mercado de libros antiguos y de segunda mano.

❚ Continuamos caminando por la orilla del canal Ouderzijds Achterburgwal. Todas estas casas antiguas son viviendas de estudiante y a veces están en manos de *okupas*. Es una zona tranquila con cafés, tiendas de libros y muebles de diseño.

A la altura del número 148 se halla el **Museo del Hachís y la Marihuana,** que nos anuncia que nos estamos adentrando en el territorio del barrio rojo. En el número 131 está la tienda **Flying Dutchman,** donde se pueden comprar drogas blandas legalizadas.

❚ Pasado el número 71 del Ouderzijds Achterburgwal, giramos a la derecha por Bloedstraat. Al final de esta calle ya podemos ver **De Waag,** en el **Nieuwmarkt.** Todos los días hay mercado en esta plaza y en verano, el café de De Waag abre su terraza.

A la izquierda nos adentramos en **Zeedijk.** Aquí entramos en el **barrio chino (Chinatown).** La calle Zeedijk es la arteria principal. En el número 106 está el templo **Fo Guang Shan He Hua,** el mayor templo budista zen de Europa.

❚ En el número 63 está uno de los bruincafés históricos de la ciudad, **Café 't Mandje.** Bet van Beeren abrió este café en 1927 y pasó a convertirse en uno

▼ Terraza sobre el canal Oudezijds Voorburgwal.

▲ Warmoesstraat, una de las calles más antiguas de Ámsterdam.

de los personajes más famosos de la ciudad. Fue en aquella época la primera mujer en asumir públicamente su homosexualidad y su café se convirtió en una isla de libertad de expresión para la comunidad gay.

Unos pasos más adelante giramos a la izquierda por la calleja St. Olofspoort en dirección a **Warmoesstraat**. En el número 43 está el restaurante español *La Paella*, frecuentado por emigrantes españoles.

❚ La Warmoesstraat es una de las calles más antiguas de la ciudad y con las casas más bonitas. Cercana al puerto, por el siglo xv fue centro de reunión de pescadores y comerciantes.

En el número 148 aún podemos ver la fachada de una de ellas. Los años 80 convirtieron esta calle en una de las peores de Ámsterdam. Posteriormente fue rehabilitada y es una zona muy animada y llena de cafés, *coffee shops*, *sex-shops* y restaurantes en los que hacer una parada.

❚ A la izquierda nos topamos con la callejuela Lange Niezel. Al final de esta pequeña calle nos encontramos de nuevo con el canal del Oudezijds Voorburgwal. A la izquierda de nuevo está la famosa iglesia clandestina **Ons Lieve Heer op Solder**.

A la derecha, en medio de prostitutas y *coffee shops*, está la **Oude Kerk**, la iglesia más antigua de la ciudad. En el 90 está el *coffee shop* más antiguo de la ciudad, el **Bulldog**.

❚ Algunos metros más adelante, a nuestra derecha, volvemos a encontrarnos con la calle Damstraat que nos llevará de vuelta a la plaza Dam, donde comenzó el paseo.

material gráfico y audiovisual, el museo cuenta con una interesante colección de pipas y otros utensilios provenientes de todo el mundo. En la tienda del museo se puede comprar todo tipo de objetos fabricados con cáñamo.

I PRINSENHOF ★★★

Este imponente edificio data del siglo XV. En sus orígenes fue el convento de monjas católicas de Santa Cecilia, pero con la Reforma, el convento, como otros edificios religiosos relacionados con el catolicismo, fue confiscado. En 1581 alojó al príncipe Guillermo de Orange, al que seguirían otros ilustres personajes como el conde de Leicester (1594), el príncipe Mauricio de Orange (1618), el príncipe Federico Enrique de Orange (1628), la reina viuda de Francia María de Medici (1638), o el príncipe Guillermo II de Orange-Nassau con su esposa la reina de Inglaterra (1642). El edificio tomó el nombre de Prinsenhof (la casa del Príncipe) a partir de la primera visita real.

Con la llegada de Napoleón a Ámsterdam, el emperador desalojó el ayuntamiento que estaba situado en el Palacio Real del Dam para usarlo como residencia personal. En 1808 el consistorio se trasladó al Prinsenhof y ocupó el edificio hasta 1988. En la actualidad es un famoso hotel de cinco estrellas, el *Hotel Sofitel Legend the Grand Amsterdam,* que ha recuperado la tradición y da cobijo a ilustres huéspedes como estrellas del cine y de la música, intelectuales y políticos.

I OOST-INDISCH HUIS ★★

Pertenece a la Universidad de Ámsterdam y aunque se puede entrar al patio, el edificio en sí no se puede visitar. Su importancia para la historia de la ciudad reside en que fue la sede de la Veerenigde Oostindische Compagnie (VOC), la Compañía de las Indias Orientales. Los 17 miembros directivos de la VOC, conocidos como los Heren XVII, los 17 caballeros, se reunían aquí para discutir los asuntos de la compañía, que tanto contribuyó al florecimiento económico de Ámsterdam en el siglo XVII.

Tiene un pórtico de estilo toscano y el resto corresponde al estilo renacentista neerlandés, lo que indica que probablemente Hendrick de Keyser tuvo algo que ver con su diseño, aunque no existen datos claros sobre quién fue el maestro constructor.

I ZUIDERKERK ★★

La Zuiderkerk (1603) o Iglesia del Sur es otra muestra de la obra del maestro constructor Hendrick de Keyser. El arquitecto puso gran mimo en el diseño de lo que consideró una basílica y no una iglesia coronada con

Columna lateral:

• • • • • • • • • •
🕐 2 (D2)
✉ Oudezijds Voorburgwal 197
🚃 4, 9, 14, 16, 24, 25

• • • • • • • • • •
🕐 2 (D2)
✉ Oude Hoogstraat 24
🕐 L-V: 8-20 h
En este horario, además del patio quizás se pueda visitar alguna de las salas.
🚃 4, 9, 14, 16, 24, 25

• • • • • • • • • •
🕐 2 (D2)
✉ Zuiderkerkhof
🖥 zuiderkerkamsterdam.nl
🚃 9, 14
♿ Bueno

una torre al estilo italiano. Fue el primer templo que se edificó desde la Reforma, por ello desde su concepción se destinó a ritos protestantes, de ahí su sobriedad en la construcción y en la decoración. Durante el siglo XVII se cambiaron las vidrieras originales por unas transparentes que proporcionaron mayor luminosidad, pues la iglesia original era muy oscura.

En 1929 cesó la celebración de misas protestantes y la iglesia pasó a tener diferentes usos, como almacén de biblias, e incluso, durante el crudo invierno de 1944, mortuorio de la ciudad. Desde enero de 2012 se utiliza como un lugar exclusivo para eventos privados y corporativos como bodas, cenas, conferencias, charlas, sesiones de formación, recepciones, reuniones y conciertos.

▲ Atardecer en el hermoso canal de Groenburgwal con la Iglesia del Sur al fondo (Zuiderkerk).

▮ MUSEUM HET REMBRANDTHUIS (▶27)   ✱✱✱

▮ OUDEMANHUISPOORT   ✱✱✱
Este pórtico forma parte de la Universidad de Ámsterdam. Data de principios del siglo XVII y debe su nombre *(oudemanhuis* significa "casa de ancianos") a que era la entrada a un asilo para los ancianos con menos recursos de la ciudad. Durante el siglo XVIII sufrió una importante transformación a manos del arquitecto Maybaum y, años más tarde, se construyó el pórtico que hoy se conoce como Oudemanshuispoort.

En este pasaje cubierto, y desde finales del siglo XVIII, se celebra un mercado de libros de segunda mano en el que se pueden encontrar ejemplares muy interesantes, aunque en sus orígenes se podían adquirir también oro, plata y todo tipo de ornamentos.

⊕ 2 (D2)
✉ Oudemanhuispoort 4-6
🕐 El mercado de libros abre L-S de 11.30-18 h
🚊 4, 9, 16, 24, 25 (parada Spui)
🚉 Waterlooplein

◐ 2 (D1-2)

✉ Rokin 78

🖥 www.thedungeons.com/
amsterdam/en

◐ L-V y D: 11-17 h;
S: 11-19 h

🚃 4, 9, 16, 24.
Parada Rokin/Spui

💰 Caro (más barato online)
No se permite la entrada a
menores de 10 años y los
menores de 12 deben ir
acompañados de un adulto.

♿ Limitado

◐ 2 (D1)

✉ Spui 14 y gedempte
Begijnensloot

◐ L-D: invierno, 9-17 h
Después de las 17 h, se
puede llegar a la capilla por
la entrada de Spui.

🚃 1, 2, 5

♿ Bueno

💰 Gratis

▼ Los jardines de Begijnhof.

▌THE AMSTERDAM DUNGEON ★★

Esta atracción combina la parte más oscura de la historia de la ciudad. Se viaja por los años de la peste que asoló la ciudad durante el siglo XVII; se contempla los horrores que se escondían bajo la mano de la Inquisición española, de la que no se libró ningún rincón en Europa; los terribles viajes a bordo de los barcos de la Compañía de las Indias; las torturas de la época medieval... Los oscuros subterráneos de Ámsterdam ofrecen esa posibilidad. Los decorados son fieles réplicas de los que debieron formar parte de la ciudad hace cientos de años.

▌AMSTERDAM MUSEUM (▶22) ★★★

▌BEGIJNHOF ★★

Se construyó como convento de monjas beguinas. Esta congregación, muy extendida en los Países Bajos y Bélgica, no era una congregación de monjas al uso. Tenían que ser solteras o viudas y aunque entregaban su vida a los más necesitados y vivían en castidad dentro del convento, podían abandonarlo en cualquier momento.

Su origen parece estar en las Cruzadas, cuando muchas mujeres se quedaban solas al irse sus maridos a Oriente Medio a luchar contra los herejes. Estas construyeron sus propias "urbanizaciones" y vivían, más que

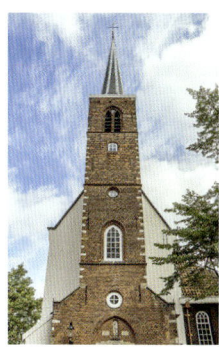

una vida de retiro monacal, una vida en comunidad y tenían ciertos lujos (no tenían voto de pobreza).

Durante la época de la Reforma se prohibió el culto católico, por lo que la iglesia pasó a ser protestante. Sin embargo, las monjas trasladaron la iglesia católica al interior de dos de las viviendas, inapreciable desde fuera. Destacan también las casitas de madera, sin duda una de las estampas más fotografiadas del beguinario.

Aquí han vivido muchas generaciones de monjas beguinas. La última de ellas, la hermana Antonia, murió en 1971, a los 84 años. A partir de entonces, una fundación se hizo cargo de la propiedad, y alquila las casas en su mayor parte a mujeres católicas viudas o solteras mayores de 30 años. El número de inquilinas, que rebasa escasamente el centenar, se ha mantenido estable desde ese momento.

En los últimos años se ha hecho tan popular entre los visitantes que buscan un refugio de paz en medio de la ciudad, que las residentes han comenzado a quejarse del ruido y se está estudiando la posibilidad de limitar la entrada y permitir solo visitas guiadas.

▲ Estatua de la beguina y la iglesia de Begijnhof.

I ALLARD PIERSON MUSEUM ★★

El museo arqueológico de la Universidad de Ámsterdam lleva el nombre de uno de sus profesores más ilustres, el profesor de arqueología clásica Allard Pierson, un pastor protestante al que, en 1877, se invitó a ocupar una silla ilustre en el claustro de profesores y catedráticos.

Su peculiar colección de moldes en escayola fue el primer grano de arena de una colección que más tarde conformaría un museo que él ni siquiera llegó a imaginar. Otros profesores fueron ampliando posteriormente la colección, que hoy en día se compone de piezas del antiguo Egipto, Oriente Medio, Grecia clásica e Imperio

• • • • • • • • •

🕐 2 (D2)
✉ Oude Turfmarkt 127-129
🖥 allardpierson.nl
🕐 M-D 10-17 h
🚊 4, 9, 16, 24
♿ Bueno
💶 Caro (gratuito: menores de 5 años y muy barato hasta 18 años)

○ 6 (A1)
✉ Muntplein
🚊 1, 2, 5, 24, 25

○ 6 (A2)
🚊 4, 9 y 14

▲ Terraza en Rembrandtplein.

Romano. Objetos que datan desde el año 4000 a. C. hasta el 500 de nuestra era, lo que ofrece una visión certera de cómo eran la vida y las creencias de nuestros antecesores. Renovado en 2019.

I MUNTTOREN ✱✱

Munttoren, conocida también como De Munt, la torre de la Moneda formaba parte de una de las puertas de entrada a la ciudad amurallada, la Regulierspoort o Puerta de los Regulares. Esta puerta de entrada constaba de dos torres y una casa de vigilancia construidas en 1480.

En 1618 el conjunto sufrió un incendio que destrozó la mayor parte y tuvo que ser reconstruido. De aquí salió la Munttoren, diseñada por Hendrick de Keyser, que la dotó de un bonito carillón hecho por los hermanos Hemony en 1650. El de hoy no es el original porque las campanas se vendieron en el siglo XIX como hierro de segunda mano, aunque más tarde las recuperó el Amsterdam Museum.

El nombre de la torre procede del siglo XVII, ya que en 1672, cuando tropas francesas habían invadido territorios neerlandeses, las monedas de plata y oro no se podían transportar de manera segura fuera de la ciudad, por lo que se almacenaron allí con fuertes medidas de vigilancia. Hoy la torre es testigo del paso de ciudadanos y visitantes por la Muntplein, cruce de la Kalverstraat y el final del mercado de las flores que se celebra en el Singel (Bloemenmarkt).

I BLOEMENMARKT (▶32) ✱✱✱

I REMBRANDTPLEIN ✱

Esta plaza se conocía durante el siglo XVII como el Botermarkt (mercado de la manteca) porque los lunes se compraban productos lácteos frescos que se producían en las granjas de los alrededores de Ámsterdam.

En 1852, en el centro de la plaza, se colocó una estatua en honor y recuerdo de Rembrandt realizada por Louis Royer y pasó a denominarse Rembrandtplein. Desde 2006 Rembrandt ya aparece solo en el centro de la plaza.

Con motivo de la celebración del 400 aniversario del nacimiento del pintor, el escultor ruso Mijaíl Dronov realizó una serie de 22 esculturas de bronce que reproducen los personajes de uno de los cuadros más famosos del pintor *La ronda de noche*.

Entre los grandes edificios que la rodean se encuentra el **NH Amsterdam Schiller** y el **café Schiller** (https://cafeschiller.nl), un establecimiento con solera

que fue abierto en 1892 por el hostelero alemán Schiller y que llegó a funcionar como hotel y restaurante. En la actualidad sigue vigente su identidad como café y restaurante. Al lado de estos dos establecimientos se han instalado otros negocios de hostelería y clubs que animan la plaza día y noche.

I MUSEUM WILLET-HOLTHUYSEN ★★

Es una de las mansiones que puede visitarse y se mantiene tal y como la dejó su última propietaria. Pertenecía a la familia Willet-Holthuysen y su última heredera, Louisa Holthuysen, casada con Abraham Willet, donó la mansión al ayuntamiento en 1895 con la condición de que se convirtiera en un museo.

La casa, una de las ubicaciones del Amsterdam Museum, se construyó entre 1685 y 1687 y ocupa dos de los terrenos que estaban en venta a orillas del canal en el siglo XVII. Aunque por esta mansión pasaron numerosas familias, ha conservado su distribución original. La última de ellas, la formada por Abraham y Louisa Willet-Holthuysen: ella, hija de un rico heredero, y él, hijo de un médico. Gracias a su unión con Louisa, Abraham pudo dedicarse a una de sus grandes pasiones, el arte, y adquirió muchas obras que engrosaron su colección. La ciudad cumplió y hoy puede verse no solo la interesante colección de arte de Abraham Willet, sino también recorrer las salas decoradas con su mobiliario original, las cocinas, los jardines y el salón de baile.

▲ Rembrandtplein con un montaje de estatuas: el pintor acompañado de los personajes de su *Ronda de noche.*

· · · · · · · · ·

🕐 6 (A2)
🏠 Herengracht 605
💻 amsterdammuseum. nl/locaties/huis-willet-holthuysen/2466
🕐 L-D 10-17 h
🚌 4, 9, 14 (parada Rembrandtplein)
🚇 Waterlooplein
💶 Moderado (audioguía gratuita).
♿ No

▲ El famoso Magere Brug,
hoy accesible solo para
peatones y ciclistas.

▌ MAGERE BRUG ★★★

Este pequeño puente levadizo sobre el río Amstel está situado en el centro de la ciudad y es una reproducción fiel, realizada en 1934, del que aquí se construyó en 1691. Su nombre original era Kerkstraatbrug (el puente de la calle de la iglesia), pero al ser tan estrecho ha pasado a ser conocido como *magere brug,* que significa puente delgado o puente estrecho, y eso que el actual es mucho más ancho que el original.

Operativo gracias a su última renovacion en 1969, su sistema de poleas iza aún el puente para dejar paso a los barcos que surcan el Amstel. Hasta 1994 el sistema levadizo se activaba manualmente y dos vigilantes trabajaban a cada lado para mantener las compuertas en equilibrio haciendo gala de un auténtico ejercicio de sincronización muy admirado por los visitantes. Sin embargo, se consideró que era una labor que entrañaba riesgos y se mecanizó completamente. Desde 2003 solo está permitido su uso para peatones y ciclistas. Eso sí, todavía se eleva varias veces al día (aprox. cada 20 minutos).

Es uno de los más fotografiados y, por la noche, su magnífica iluminación permite contemplarlo en todo su esplendor. No solo los turistas se han dejado seducir por él, también el cineasta Guy Hamilton lo usó como decorado para su famosa película de James Bond *Diamantes para la eternidad.* De los cientos de puentes que surcan el río y los numerosos canales de la ciudad, es uno de los más bonitos.

I EL AMSTEL ★★

Ámsterdam es una ciudad inconcebible sin su elemento más importante, el agua, y de ello tiene culpa, en parte, el río que la baña y recorre de norte a sur y que la dota de los más bonitos parajes tanto en el interior como en el exterior. El río Amstel se mezcla con los demás canales, aunque es fácil de reconocer porque es más ancho y más caudaloso y además tiene un animado tráfico de barcos.

En la plaza del Dam estaba situada la primera presa que se construyó sobre el río, y de ahí el nombre de la ciudad: Amstel-Dam. Entre los siglos XVII y XVIII los ricos mandaron construir en sus orillas sus mansiones de recreo. Aunque la mayoría se han perdido con el paso del tiempo, quedan dos quintas de aquella época en Oostermeer y Weteramstel. Muchos son los puentes que saltan sobre este emblemático río como el Blauwbrug (puente azul), el Torontobrug, el Hogesluis, el Nieuwe Amstelbrug, el Berlangebrug, el Utrechtsebrug y el Rozenoordbrug; pero, sin duda, el más fotografiado es el Magere Brug (el puente delgado).

I MUSEUM VAN LOON ★★

Esta mansión de 1672 fue propiedad de la familia Van Loon, una de las grandes fortunas de la ciudad. Anteriormente la ocupó uno de los discípulos de Rembrandt, Ferdinand Bol. En el siglo XIX se instaló en ella la familia Van Loon, descendientes de Willem Van Loon, fundador de la VOC (compañía de las Indias Orientales). El

▲ El río Amstel riega los canales de toda la ciudad.

🕐 6 (B1)
✉ Keizergracht 672
🖥 www.museumvanloon.nl
🕐 L-D: 10-17 h
🚋 16, 24 (parada Keizergracht)
🚇 Waterlooplein
♿ No
💶 Moderado

▲ El Museum Van Loon cuenta con un bello jardín afrancesado.

último miembro de la familia Van Loon que vivió en la mansión fue Thora van Loon, dama de compañía de la reina Guillermina.

El interior de la casa se ha mantenido casi intacto durante generaciones y en 1960 se convirtió en un museo en el que pueden contemplarse el mobiliario y los objetos de decoración de la época, así como retratos y documentos de la familia Van Loon. La vivienda está ricamente decorada con telas y materiales nobles, y la imponente escalera de mármol es testigo de la esplendorosa vida de sus habitantes. También pueden visitarse el jardín y las cocheras.

● ● ● ● ● ● ● ● ●

🕐 6 (B1-B2)
✉ A lo largo de Kerkstraat entre el Keizersgracht y Prinsengracht
🚊 3, 4, 14

❙ SPIEGELKWARTIER (BARRIO DE LOS ESPEJOS) ✶✶

En el centro de Ámsterdam, en su parte sur, poco antes de llegar al barrio de los museos, se abre una zona de visita imprescindible para los amantes del arte, las antigüedades y las curiosidades desde hace más de ochenta años. En el **Spiegelgracht**, más de setenta anticuarios ofrecen desde hallazgos arqueológicos, objetos Art Nouveau y mobiliario del siglo XVII hasta cerámicas de la cercana localidad de Delft.

● ● ● ● ● ● ● ● ●

🕐 5 (B1-2)
🚊 1, 2, 5, 6, 7, 10

❙ LEIDSEPLEIN ✶✶

Se trata de una de las plazas del centro de la ciudad con más animación tanto de día como de noche. Data del mismo período que los grandes canales. Presidida por el imponente edificio del **Stadsschouwburg**, el teatro municipal de la ciudad, en ella se erigen otros teatros como **De Balie** (centro de teatro y actividades de carácter multicultural). A pesar de la oferta cultural es más conocida como centro de diversión y entretenimiento. Cafés y restaurantes se extienden por las calles adyacentes.

Aquí también se encuentran dos de los templos de la música más famosos de la ciudad: Paradiso y Melkweg (la vía láctea). Cuando el Ajax gana, los seguidores del equipo suelen concentrarse en esta plaza para celebrar la victoria. Artistas callejeros: músicos, mimos, cómicos, caricaturistas, etc., convierten habitualmente Leidseplein en su escenario al aire libre.

▲ Es muy usual ver mimos en Leidseplein.

I BARRIO DE LOS MUSEOS ★★★
En la parte más al sur del centro, donde este pierde ya casi su nombre, se localizan los museos más importantes de Ámsterdam. Además de su gran valor cultural esta zona cuenta con una extensa oferta de ocio con numerosos cafés, restaurantes y tiendas, por lo que hace las delicias de visitantes variopintos.

En la plaza de los museos (Museumplein) destacan el **Rijksmuseum** (▶23), **Van Gogh Museum** (▶24) y **Stedelijk Museum** (▶65). Sin embargo, no hay que olvidarse del **Moco Museum** (▶67), que se inauguró en 2016 y ofrece una gran colección de obras de Banksy, o el **Diamond Museum**, dedicado a la joyería y los diamantes.

Este último abrió sus puertas en 2007 y fue fundado por Ben Meier de **Coster Diamonds**, un taller especializado en la talla de diamantes cuya historia se remonta a 1840, cuando Elias Coster se instaló en Waterlooplein. Con su ingenio fue capaz de dotar al gremio de máquinas a vapor para cortar las piedras preciosas. No solo su invento sino también su capacidad para tallar diamantes perfectos le sirvieron para que su fama traspasara las fronteras y, así, la reina Victoria de Inglaterra le encargó retallar uno de los diamantes más famosos del mundo, el *Koh-I-Noor*. En los años 70 se trasladaron a su ubicación actual y sus instalaciones se pueden visitar en un tour.

Junto a la Museumplein, los amantes de la música clásica encuentran el **Concertgebouw** (▶123).

I RIJKSMUSEUM (▶23) ★★★

I STEDELIJK MUSEUM ★★
Su edificio data de finales del siglo XIX y fue diseñado por el arquitecto Weissman. A principios del siglo XXI, sus responsables se dieron cuenta de que el edificio ya no cumplía los requisitos necesarios para alojar la

5 (C1-2)
Delimitado por Emmastraat, Koninginneweg, Vondelpark, Zandpad, Singelgracht, Boerenwetering y la Noorder Amstelkanaal
2, 3, 5 y 12
Centraal Station
26, 45, 65, 66,170, 172

Diamond Museum
5 (C1-2)
Paulus Potterstraat 8
diamondmuseum.com
L-D: 9-17 h
No
Moderado

5 (C1)
Museumplein 10
www.stedelijk.nl
L-D: 10-18 h
(sigue en la pág. siguiente)

creciente colección y acometieron importantes obras de remodelación y ampliación que fueron llevadas a cabo por el estudio Benthem Crouwel, conocido en Ámsterdam por el diseño del Amsterdam Villa Arena o del aeropuerto Schiphol.

En 2012 la ampliación del museo se abrió a los visitantes ofreciendo una imagen muy moderna que contrasta con el edificio original del XIX.

Pasado, presente y futuro se unen para acoger su colección permanente de arte moderno, contemporáneo y diseño. El nuevo edificio, que ha sido apodado como "la bañera", consiste en un volumen blanco flotante que se extiende hacia arriba en forma de tejado plano y alberga las salas de exposiciones de la segunda planta y el auditorio. La planta baja está recubierta de cristal y recoge la entrada principal, la tienda y el restaurante.

▲ El edificio del Stedelijk, apodado "la bañera".

🚋 2 y 5
🚉 Centraal Station
🚌 170, 172
♿ Excelente
💶 Caro (gratuito: menores de 18 años)

◀ Escultura de Richard Serra a la entrada del Stedelijk.

I **VAN GOGH MUSEUM (▶24)** ★★★

I **MOCO MUSEUM** ★★★

Inaugurado en abril de 2016, sus fundadores son Lionel y Kim Logchies, dueños de una galería de arte moderno en el Spiegelkwartier (Barrio de los Espejos), por lo que nace de una iniciativa privada.

El MOCO, que toma sus siglas de Moderno y Contemporáneo, desea inspirar a sus visitantes con obras de Banksy –con más de noventa es una de las muestras más extensas dedicadas a este artista–, Warhol o Basquiat, que se exponen gracias a préstamos individuales. Su sede es Villa Alsberg, una espectacular mansión diseñada en 1904 por Eduard Cuypers, sobrino del responsable del Rijksmuseum, Pierre Cuypers.

🚋 5 (C1)
✉️ Honthorststraat 20
🌐 mocomuseum.com
🕐 L-J: 9-20 h; V-D 9-21 h
🚋 2, 5,12
🚌 172, 357
♿ No
💶 Caro (gratuito menores de 10 años)

I **VONDELPARK (▶15)** ★★★

LO QUE HAY QUE VER AL SUR DEL CENTRO

● ● ● ● ● ● ● ●

🕐 5 (D2), 6(C1-2)-(D1-D2),
7(C1-D1)

✉ Entre Boerenwetering al
oeste y Amstel al este, y
entre Singelgracht al norte
y el canal Amstel al sur.

🚋 3,4, 7,10, 12, 16, 24, 25

🚌 355, 356

▮ DE PIJP (BARRIO LATINO) ★★

Al este del barrio de los museos, conocido como el barrio latino de Ámsterdam, es una zona llena de colorido y de animación y desde los años 60 reúne a estudiantes, artistas y espírituos bohemios.

No faltan cafés, restaurantes con muestras gastronómicas de todo el mundo y terrazas, pero su principal atracción es el **Albert Cuypmarkt (▶34)**, en este mercado callejero se puede encontrar casi de todo desde hace más de un siglo.

No hay que olvidar que acoge la Heineken Experience Amsterdam, un imprescindible para los amantes de la cerveza, y si se quiere descansar del bullicio del mercado, nada mejor que dirigirse al cercano **Sarphatipark**.

▮ ALBERT CUYPMARKT (▶34) ★★★

▮ HEINEKEN EXPERIENCE AMSTERDAM ★★

Al este del barrio de los museos y próximo al Albert Cuypmarkt se halla la fábrica original de Heineken, monumento nacional e incluida a nivel europeo como uno de los legados industriales más importantes de nuestro tiempo. Ahora forma parte de Heineken Experience, una de las atracciones más visitadas de la ciudad.

▼ Interior de la fábrica
de Heineken.

Heineken Experience se inauguró en 2001 en las instalaciones de la antigua fábrica, después de que esta cerrara sus puertas en el centro de la ciudad en 1998.

En 2007 fue sometida a una renovación con el fin de ampliar su oferta de ocio. Además de los viejos barriles de cerveza y la fábrica, los visitantes pueden deleitar el paladar en un *Tasting Bar* y hacer prácticas de cervecero en una minifábrica de cerveza. En la actualidad la mayoría de la producción de *Heineken* fermenta en la fábrica que la familia abrió en 1975 en Zouterwoude.

🕐 6 (C1)
✉ Stadshouderskade 78
🌐 www.heinekenexperience.com/nl
🕑 D-J: 10.30-19.30 h; V-S 10.30-21 h (último pase dos horas antes de cierre); menores de 18 años acompañados por un adulto
🚊 7,10, 24
♿ Bueno
💾 Caro (más barato online)

I AMSTELPARK (▶15)   **

I DE RIEKERMOLEN   **

Molino construido en el siglo XVI para ayudar a drenar el agua del pólder del Rieker. Más tarde fue trasladado a su ubicación actual, a orillas del río Amstel, al otro lado del dique, después de haber sido restaurado. A pesar de que en la época de Rembrandt el molino no estaba en esta localización, se sabe que al pintor le gustaba caminar por estos parajes, de ahí que a su lado se colocara una estatua del artista. Hoy es propiedad privada.

🕐 f.p.
✉ Esquina del Amsteldijk y De Borcht
🚊 148
🌐 https://molendatabase.nl/nederland/molen.php?nummer=638

I AMSTERDAMSE BOS (▶16)   ***

I BIJLMERMEER   *

Este barrio, situado al sureste de la ciudad, es la sede del estadio de fútbol de Ajax de Ámsterdam, el **Johan Cruyff ArenA** (antes Amsterdam ArenA). Cuando el Ajax juega en casa, Ámsterdam se vuelca y visitar el estadio es sin duda una experiencia, aunque cuando juega contra su gran rival, el Feyenoord de Róterdam, la diversión suele terminar en actos vandálicos.

Al lado del estadio se ha construido uno de los centros comerciales más grandes del país, el **Amsterdamse Poort**.

Bijlmermeer se diseñó a mediados de los sesenta basándose en los conceptos del arquitecto suizo Le Corbusier, que tenían en cuenta la proporción entre las tres zonas fundamentales de un barrio en equilibrio: la vivienda, el trabajo y el ocio. Con esta filosofía se separaron los espacios destinados a coches, bicicletas y peatones. Sin embargo, las familias de clase media no parecieron interesadas porque no cubría sus necesidades. Comenzaron a instalarse en él grupos de inmigrantes como los procedentes de las colonias neerlandesas en las Antillas. La llegada de inmigrantes de bajo nivel social y la falta de infraestructuras propiciaron la delincuencia y las drogas, ahora parcialmente corregidos.

🕐 f. p.
🚉 Estación Ámsterdam Bijlmer ArenA
🚊 14, 53 y 54
🌐 www.johancruijffarena.nl

Amsterdamse Poort
🕑 L-S 10-18 h; D 12-17 h
🌐 www.amsterdamsepoort.nl

▲ El estadio Johan Cruyff ArenA, antes Amsterdam ArenA.

En 1992 saltó a las páginas de los periódicos de todo el mundo cuando un avión chocó contra el edificio de apartamentos Groeneveen, en Klein Kruitberg, donde hoy se recuerda el suceso con un monumento en memoria de las víctimas.

Desde la década de los noventa se está llevando a cabo un plan de saneamiento y nuevos proyectos urbanísticos para mejorar el barrio, derrumbando gran cantidad de viviendas y de túneles que favorecían la delincuencia y mejorando las comunicaciones. La estación de tren, autobús y metro Ámsterdam Bijlmer Arena se ha convertido en una de las más importantes de la ciudad.

LO QUE HAY QUE VER AL ESTE DEL CENTRO

❚ JODENBUURT (BARRIO JUDÍO) ✱✱

Este barrio mezcla lo tradicional y lo moderno y está marcado por el legado de los judíos, como atestiguan el **Joods Historisch Museum** (▶73), el **Hollandsche Schouwburg** (▶76) o la **Sinagoga Portuguesa-Israelita** (▶72). Su punto de partida es **Waterlooplein** (▶71) y se convierte en una tranquila zona cuando cruza con De Plantage, que nació en el siglo XIX como un espacio residencial para clases adineradas. Aquí está el zoo y el jardín botánico.

Es el barrio judío más antiguo de la ciudad. Los judíos se asentaron aquí en el siglo XVI. Con la llegada de judíos de España y Portugal que huían de la Inquisición, adquirió una dimensión considerable. Se asentaron alrededor de la plaza Waterlooplein y abrieron sus talleres y comercios.

• • • • • • • • •

 3 (D1-2), 6 (A2), 7(A1-2)

✉ El barrio judio está limitado por Rapenburg al norte, Oudeschans al oeste, el río Amstel al sur y Nieuwe Herengracht al este

🚊 9, 14,

🚌 757, 759, 761, 763

 Waterlooplein

Poco a poco se convirtió en un área de gran actividad económica y cultural. La comunidad no judía de la ciudad aceptó a estos inmigrantes como buenos vecinos capaces de enriquecer no solo la economía de la ciudad sino también la vida cultural. Sin embargo, al llegar la Segunda Guerra Mundial todo cambió. Entonces vivían en el barrio unos 60.000 judíos, de los que sobrevivieron solo 6.000.

Por otro lado, los bombardeos destruyeron la mayoría de los edificios y mansiones de la época. A esto hay que añadir que, durante el invierno del hambre en 1944, se usaron muchos materiales de las casas como combustibles, de manera que acabaron por derrumbarse al fallar las estructuras.

I NEDERLANDS SCHEEPVAARTMUSEUM ★★

En 2011, tras una época de reformas, el **museo marítimo** reabrió con exposiciones que invitan a sus visitantes a explorar 500 años de historia marítima.

En sus instalaciones cuenta con espacios diseñados para niños de diferentes edades. En el muelle está la famosa réplica del *East Indiaman Amsterdam*, galeón del siglo XVIII perteneciente a la Compañía de las Indias Orientales.

- 3 (D2)
- Kattenburgerplein 1
- hetscheepvaartmuseum.nl
- L-D: 10-17 h
- 22, 48
- Bueno
- Caro. Gratuito: menores de 3 años

I NEMO ★★★

Es un museo científico e interactivo situado en un edificio modernista muy conocido en el paisaje de la ciudad. Una propuesta tanto de información como de diversión para los más pequeños dispuesta en cinco pisos en los que se exponen temas relacionados con la ciencia y la tecnología.

La terraza, abierta todos los días si hace buen tiempo, se convierte a veces en un punto más visitado que el propio museo. Ocupa todo el tejado y en ella se puede descansar y tomar el sol, además de visitar la exposición al aire libre *Energetica* y disfrutar de unas impresionantes vistas de Ámsterdam. El acceso a la terraza y al restaurante es gratuito.

- 3 (C2)
- Oosterdok 2
- nemosciencemuseum.nl
- M-D: 10 a 17.30 h (de abr a sept y en vacaciones escolares: L-D)
- 22, 48
- Muy buenos
- Caro. Gratuito: menores de 4 años

I WATERLOOPLEIN ★★

Su nombre recuerda a Napoleón y, de hecho, a la época que pasó el emperador en la ciudad pertenece esta plaza que se construyó gracias al relleno de dos canales: el Leprozengracht y el Houtgracht. Casi desde sus orígenes ha estado relacionada con el comercio, primero, rodeada de tiendas de comerciantes judíos, y, después, con un mercado que se celebraba de lunes a sábado.

Desde la década de 1980, la plaza es más conocida como la **Stopera,** nombre con el que los amsterda-

- 6 (A2)
- 9, 14
- Waterlooplein
- Mercadillo, L-S: 9-18 h
- https://waterlooplein. amsterdam/en

▶ Vista aérea del NEMO, el museo científico e interactivo ubicado en un edificio vanguardista.

meses han bautizado los edificios del Ayuntamiento (Stadhuis) y del Muziktheater (Ópera).

Su atracción fundamental sigue siendo el mercadillo conocido como **Waterlooplein Vlooienmarkt,** en el que se pueden encontrar todo tipo de objetos curiosos, antigüedades y ropa de segunda mano.

❚ PORTUGEES-ISRAËLITISCHE SYNAGOGE ✳

En 1492 se obligó a los judíos a convertirse al catolicismo o abandonar España. Muchos escaparon a Portugal, de donde también se los expulsó años después. Gran parte de los conversos siguieron practicando los ritos judíos en la clandestinidad y pasaron a ser el punto de mira de la Inquisición.

En el siglo XVI llegaron a Ámsterdam muchos judíos sefardíes procedentes de Portugal y fundaron una importante comunidad. Nacieron así las tres grandes comunidades judías conocidas como Bet Jacob (una de las más antiguas, 1610), Neve Sjalom (1612) y Bet Israël (1618).

Las tres comunidades proporcionaron grandes artesanos, pensadores, filósofos, comerciantes, artistas y gobernadores. Tras la Segunda Guerra Mundial solo

- 🕐 7 (A1)
- ✉ Mr. Visserplein 3
- 📞 www.esnoga.com
- 🕐 10-17 h, pero es variable (consultar web, https://jck. nl/openingstijden). Cierra S y festivos judíos (excepto para servicios religiosos)
- 🚋 9, 14
- 🚇 Waterlooplein
- ♿ Bueno
- 🎫 Caro (entrada conjunta para el Barrio Judío, el Joods Historisch Museum, JHM Kinder Museum y la Sinagoga Portuguesa-Israelita). Gratuito: menores de 6 años

▲ Algunas de las salas del NEMO.

quedaron 800 sefardíes y hoy siguen viviendo en la ciudad descendientes de estas comunidades.

La sinagoga nació como templo de estas comunidades en 1670 bajo las órdenes del maestro constructor Elias Bouman. Las obras finalizaron cinco años más tarde y dotaron a toda la comunidad luso-israelita de un impresionante templo con columnas jónicas y una rica decoración.

I JOODS HISTORISCH MUSEUM ★★★

Se encuentra en cuatro antiguas sinagogas de los siglos XVII y XVIII en la calle Nieuwe Amstelstraat, cerca de la plaza de Jonas Daniël Meijerplein.

Este museo histórico repasa, a través de una exposición basada en documentos, material fotográfico, vídeos y numerosos objetos, la vida e historia de la comunidad judía en Ámsterdam. Antes de la guerra tenía una colección en su mayoría religiosa que se confiscó durante la ocupación y después se ha recuperado poco a poco, aunque no en su totalidad. Muchas familias judías supervivientes donaron documentos y otro tipo de materiales al museo y, con los años, la colección aumentó hasta contener más de 11.000 objetos, que

🕐 7 (A1)
✉ Nieuwe Amstelstraat 1
🔗 jck.nl/locatie/joods-museum
🕐 L-D: 10-17 h (consultar web)
🚊 9 y 14 (parada Waterlooplein)
🚌 51, 53 y 54 (parada Waterlooplein salida por Nieuwe Amstelstraat)
♿ Bueno
💶 Caro (entrada conjunta con Barrio Judío, Joods Historisch Museum, JHM Kinder Museum y Sinagoga Portuguesa-Israelita). Gratuito: menores de 6 años

LO QUE HAY QUE SABER

▌ 10 formas de conocer la ciudad

✓ Alquile una bicicleta.

✓ Si juega el Ajax, ánimelos.

✓ Pruebe el queso de Alkmaar.

✓ Siéntese en una terraza con una cerveza Amstel y unas *bitterballen*.

✓ Corra por el Vondelpark, haga o un picnic o, mejor, échese una siesta sobre la hierba.

✓ Déjese caer una noche por *Paradiso* o por la *Melkweg*.

✓ Compre un cucurucho de patatas fritas con mayonesa y cómalo mientras pasea.

✓ Aunque todo el mundo hable inglés (e incluso español), aprenda algunas palabras en neerlandés. *Hallo! (¡hola!)* Es un comienzo.

✓ Cuidado con los tranvías.

✓ Si visita la ciudad el 27 de abril, Día del Rey, vístase de naranja y pasará desapercibido.

▌ 10 sitios para tomar algo

✓ **Café Vennington**
Prinsenstraat 2, telf. 625 93 98. Uno de los mejores sitios para desayunar y tomar comidas ligeras.

✓ **Spanjer en van Twist**
Leliegracht 60; spanjerenvantwist.nl. Ideal para comer a mediodía y hacer amigos en su gran mesa comunal situada a la entrada.

✓ **Ko Chang Thai**
Westerstraat 91, en el Jordaan; www.ko-chang.nl. Cocina tailandesa muy bien preparada.

✓ **'t Sluisje**
Torensteeg 1; www.sluisje.nl. Pequeñito pero con un gran ambiente.

✓ **Le Patron**
Vijzelgracht 63, en Leidseplein. Un buen surtido de bocadillos y sándwiches.

✓ **Singel 101**
Singel 101; singel101.nl. Cocina internacional con productos de temporada.

✓ **Brouwerij 't Ij**
Funenkade 7. Esta cervecería situada al lado de un molino de viento en la zona este de Ámsterdam es un lugar divertido para visitar y sus cervezas son muy sabrosas.

✓ **Café Belgique**
Gravenstraat 2. Telf. 625 1974; www.cafebelgique.nl. Es probablemente uno de los bares más pequeños de Ámsterdam, pero ha logrado hacer sitio para disponer de 8 cervezas belgas y más de 30 variedades embotelladas. Situado en la zona más turística de la ciudad.

✓ **Cafe 't Smalle**
Egelan-tiersgracht 12. Telf. 786 77 48; https://t-smalle.nl. El tiempo se detiene dentro de este edificio construido originalmente en 1780 como una destilería.

✓ **Café Chris**
Bloemstraat 42; www.cafechris.nl. El café más antiguo de Ámsterdam abrió sus puertas en 1624.

10 actividades

✓ Vaya de compras por el Albert Cuypmarkt, uno de los mercados más animados de Países Bajos.

✓ Alquile una bicicleta y recorra los canales o la orilla del Amstel.

✓ Si tiene la oportunidad de que el Ajax juegue en casa, compre una entrada y disfrute del fútbol neerlandés.

✓ En verano, disfrute de las actividades al aire libre del Vondelpark.

✓ Visite el Rijksmuseum, probablemente el mejor de la ciudad, y el Van Gogh Museum.

✓ Haga una parada para tomar un café.

✓ Un crucero por los canales, de noche o de día, es tan tópico como obligatorio.

✓ Dé un paseo por el Jordaan durante el día y visite el Barrio Rojo durante la noche.

✓ Si decide comprar algunas de las drogas permitidas o los champiño-nes mágicos, infórmese primero de sus efectos secundarios. Recuerde que las drogas no pueden fumarse en la calle, tiene que hacerlo en el *coffee shop* o en privado. Si no se atreve, puede probar la *space-cake* o tomarse unas pastas de cannabis con el café.

✓ Visite las localidades pesqueras de los alrededores de la ciudad.

5 mejores vistas

✓ Desde lo alto de la torre de la Westerkerk.

✓ El Magere Brug. Puente levadizo emblemático de la de la ciudad.

✓ En verano, desde la terraza del NEMO.

✓ Desde el puente situado en la esquina Reguliersgracht con Herengracht. Gire sobre sí mismo y podrá contemplar 15 de los puentes más bonitos.

✓ Dar una vuelta de noche por los canales a bordo de un barco.

sirven para describir cómo vivían los judíos y contribuyeron al desarrollo económico de la ciudad.

En su interior se localiza una división del museo que está diseñada para los niños (**Joods Museum Junior**). Se pretende que todos ellos aprendan las tradiciones judías de una manera entretenida.

❙ H'ART AMSTERDAM ★★

El Hermitage de San Petersburgo había participado ya en varias ocasiones en exposiciones conjuntas con la Nieuwekerk de Ámsterdam, de manera que su director, Ernst Veen, planteó a sus colegas rusos la oportunidad de abrir un museo con préstamos del vasto tesoro ruso en el Amstelhof, antigua residencia de ancianos. Tras un largo proceso de renovación para convertir el edificio en un museo moderno, se inauguró el Hermitage en 2009.

Sin embargo, la colaboración entre los dos museos llegó a su final tras la invasión de Rusia a Ucrania en febrero de 2022. Pudo continuar con su actividad gracias al apoyo de la Asociación de Museos y de varios museos neerlandeses, que prestaron algunas de sus obras de fama mundial para la exposición temporal llamada *Dutch Heritage Amsterdam*, con muchos favoritos del público como *La lechera* (1660) de Johannes Vermeer, *La casa amarilla* (1888) de V. van Gogh, etc. Posteriormente ha puesto en marcha una serie de colaboraciones internacionales con museos de prestigio y ha iniciado su nueva andadura bajo el nombre de H'ART.

❙ HORTUS BOTANICUS (▶14) ★★★

❙ HOLLANDSCHE SCHOUWBURG
Y MUSEO NACIONAL DEL HOLOCAUSTO ★★

Este teatro está ligado a la historia más triste de la ciudad, ya que durante la ocupación alemana se convirtió en el lugar desde el que se deportaba a los judíos a los campos de concentración. Construido en 1892 por los

---

🚊 7 (A1)
✉ Amstel 51
🕐 Diario: 10-17 h
🌐 https://hartmuseum.nl
🚇 9, 14
🚊 Waterlooplein
♿ Bueno
💶 Caro. Gratuito: menores de 18 años

¿Sabías que...?

En septiembre de 2021 se inauguró en Weesperstraat, justo detrás del H'ART, el **Holocaust Names Memorial** (*www.holocaustnamenmonument.nl),* un monumento conmemorativo obra de Daniel Libeskind con los nombres de las casi 102.000 víctimas judías neerlandesas.

🚊 7 (A1-2)
✉ Plantage Middenlaan 24
🌐 https://jck.nl/locatie/hollandsche-schouwburg
🕐 De 10 h a 17 h
🚇 6, 9, 14
♿ Muy bueno
💶 Gratuito el monumento. Museo: caro (entrada conjunta para el Barrio Judío y el resto de edificios). Gratuito: menores de 6 años
ℹ Ha sido renovado entre 2020 y 2024

▶ El museo H'ART Amsterdam a orillas del canal.

judíos se transformó en 1942 en el escenario de su tragedia. Más de 100.000 judíos salieron para no volver.

En 1962 se consideró que el teatro no debía recuperarse para su función original y se convirtió en monumento en memoria de las víctimas. El escenario se destinó así en un lugar para la meditación, y en la sala del Recuerdo brilla una llama eterna en señal de duelo. Enfrente del teatro se puede visitar el **Museo Nacional del Holocausto,** sobre la historia de la Shoah.

I VERZETSMUSEUM AMSTERDAM (MUSEO DE LA RESISTENCIA) ✲✲

Reabierto en 2022, este museo retrata la ciudad durante los años de ocupación alemana (1940-1945) hasta que las tropas aliadas la liberaron. Se han reproducido algunas calles de Ámsterdam tal y como aparecían en las fotografías de aquella época. En sus salas se recogen algunos de los momentos más crudos de la historia de la ocupación, como la *Februaristaking,* la huelga de 1941 y la deportación masiva de judíos a campos de concentración. También se muestran documentos y otro tipo de objetos que ilustran la labor que llevó a cabo la Resistencia ayudando a los judíos a esconderse (como fue el caso de la familia de Ana Frank), o saboteando algunas maniobras de las tropas alemanas.

- 🕒 7 (A2)
- ✉ Plantage Kerklaan 61
- 🌐 www.verzetsmuseum.org
- 🕐 L-V: 10-17 h; S-D: 11-17 h
- 🚋 14
- 🚌 51, 53 y 54
- ♿ Bueno
- 💶 Moderado

I ARTIS ✲✲

Es el zoo más grande del país y data del siglo XIX. En aquella época era uno de los más grandes de Europa. La entrada al zoo permite la entrada al Planetarium y además se puede combinar con los museos *Micropia* y *Groote Museum*, dentro del mismo recinto. Su diseño intenta reproducir los hábitats naturales de los animales. Durante los meses de verano organizan muchas actividades al aire libre para los más pequeños, e incluso es posible reservar una cesta de picnic para disfrutar de las largas tardes de estío en las zonas verdes del zoo.

- 🕒 7 (A2)
- ✉ Plantage Kerklaan 38-40
- 🌐 www.artis.nl
- 🕐 Diario: 9-17/18 h
- 🚋 9, 14
- ♿ Regular
- 💶 Caro

▲ Entrada a Artis, el zoo más grande del país.

⏱ 8 (A2)
✉ Funenkade 7
🏠 www.brouwerijhetij.nl
🚊 10, 14
♿ Regular

❚ DE GOOYER (FUNENMOLEN) ⭐⭐

Al este del barrio judío se encuentra un molino de viento de 1725, al que acuden numerosos visitantes para hacerse la típica foto con un molino neerlandés de fondo. A pesar de que Países Bajos es conocido como el país de los molinos de viento, en realidad no quedan ya muchos en funcionamiento o en buen estado. Este, en concreto, es de los pocos que se pueden ver en Ámsterdam. Es propiedad del municipio de la ciudad y no se puede visitar.

La que sí se puede visitar es la sala de degustación de la cervecera *Brouwerij't Ij,* situada frente a él. Fabrican más de una decena de tipos de cerveza, que se pueden probar de 14 h a 22 h todos los días.

LO QUE HAY QUE VER AL NORTE DEL CENTRO

⏱ 2 (A2), 3 (A1)
✉ Al lado de la Centraal Station
🚊 1-6, 9, 13, 16, 17, 24, 25

❚ HET IJ ⭐

El Ij es una ría, un brazo de mar alrededor del cual surgió el viejo puerto de la ciudad. Su entrada divide la ciudad formando dos barrios separados por el agua: Ámsterdam Noord y Ámsterdam Zuid. Su pronunciación es "ai", y procede del nombre frisón *ae,* que significa agua, similar al francés *eau.*

Antiguamente, su vereda estaba surcada de almacenes y comercios en los que se vendían las exóticas

¿Sabías que...?

No solo las bicis inundan las calles de la ciudad, también los barcos a pedales invaden los canales. Es una manera divertida de conocer la ciudad desde otra perspectiva. Si llueve, lo mejor es elegir uno con capota. Se alquilan por horas y son fáciles de manejar, solo es necesario respetar al resto de embarcaciones (www.stromma.com/en-nl/amsterdam/sightseeing/canal-tours/pedal-boat).

◀ El histórico molino De Gooyer, el más alto de los Países Bajos con sus 27 m de altura.

mercancías que llegaban de las Indias Orientales o del Nuevo Mundo.

En la actualidad algunas tiendas de recuerdos han sustituido a aquellos comercios y son, sobre todo, barcos turísticos los que navegan por sus aguas. **Ámsterdam Noord** ofrece paisajes bucólicos con granjas monumentales. La apertura de los túneles Coentunnel (1966), Ijtunnel (1968) y Zeebrugertunnel (1990) ha mermado la frecuencia de los transbordadores de una orilla a otra.

I DE EILANDEN ✱✱

En el siglo XVIII se llevó a cabo el tercer ensanchamiento de Ámsterdam y se planificó la construcción de tres islas artificiales sobre el Ij que servirían para alojar los astilleros y las instalaciones portuarias como los almacenes para guardar la carga de grano, tabaco, vino, sal, arenques, anchoas y brea que llegaba en los barcos de tierras lejanas. De ahí que muchos de los canales de las islas estén hoy bautizados con nombres como Zoutkeetsgracht (barraca de sal), Bokkinghangen (arenque ahumado colgando), Nieuwe Teertuinen (nuevos jardines de brea) o Silodam (la presa del silo).

Muchos trabajadores de las fábricas y de los astilleros se instalaron en las islas, pero antes del comienzo de la Segunda Guerra Mundial, los astilleros y el resto

✉ Orillas del Ij
🚊 3
🚌 18, 22, 32, 35, 59

de edificios industriales se trasladaron a las afueras de la ciudad y eso derivó en que las islas quedaran prácticamente vacías.

Tras la finalización del conflicto bélico, este terreno se convirtió en un buen lugar para construir un nuevo barrio junto al centro de la ciudad. El primer cambio se produjo al rebautizar las islas que hasta entonces tenían nombres tan simples como funcionales: la isla de enfrente, la isla del medio y la isla de atrás. Hoy se las conoce como Bickerseiland, Prinseneiland y Realeneiland.

En algunas de las islas pueden contemplarse las viviendas originales, aunque muchas se han rehabilitado y convertido en apartamentos. En la actualidad todas estas viviendas están habitadas por artistas, músicos y artesanos. Aquí parecen haber encontrado su inspiración las mentes más creativas de Países Bajos.

Un buen plan puede ser coger el ferry gratuito NDSM Werf desde la estación central de Ámsterdam para cruzar a la otra orilla y disfrutar del arte callejero.

▼ El moderno edificio que alberga Eye Film Institute.

▌ EYE FILMMUSEUM ★★

Este centro cultural con una vasta colección de películas neerlandesas y extranjeras en su haber así como carteles de películas, está situado en el norte de la orilla del Ij, en el barrio Overhoeks. En 2012 fue inaugurado un moderno edificio que convirtió la vieja filmoteca en uno de los museos de cine más modernos del mundo. El antecesor fue el Dutch Historical Film Archive, fundado en 1946.

Eye Filmmuseum consituye por tanto el centro de cinematografía más importante del país, con una colección de películas que recorren la historia del cine neerlandés y europeo desde el siglo XIX hasta la actualidad.

También cuenta con una interesante colección de cámaras y otros instrumentos de rodaje. Además de su colección permanente el museo exhibe exposiciones temporales y proyecta películas.

En esta nueva localización cuenta con un bar-restaurante que ofrece una estupenda vista panorámica del río y de la ciudad.

🕓 3 (A1)
✉ IJpromenade 1
🏠 www.eyefilm.nl
🕐 Exposición: 10-19 h
🚌 38, 105
♿ Bueno
💶 Exposición: Moderado (gratuito: menores de 18 años)

▼ Torre A'DAM junto al Eye Filmmuseum.

GASTRONOMÍA

La gastronomía neerlandesa no goza de gran fama. Esto no quiere decir que no existan restaurantes de prestigio en Países Bajos, que los hay, pero estos grandes restauradores son los primeros en reconocer que la gastronomía nacional necesita someterse a una renovación. A los neerlandeses les gusta la comida exótica y por ello restaurantes chinos, hindúes, japoneses, tailandeses y turcos están entre sus preferidos. También la comida española es santo de su devoción y en Ámsterdam podemos encontrar algunos de los restaurantes españoles más conocidos del país.

❚ Desayuno y almuerzo

El pan es el alimento estrella de los desayunos y de los almuerzos neerlandeses. Los *botterham,* rebanadas de pan de molde, untadas con mantequilla, mermelada o crema de cacahuete, suelen ser la base de un desayuno fuerte que se completa con café, té y yogur. Los niños suelen echar a su pan *hagelslag,* unos fideos de chocolate que se espolvorean sobre el pan con mantequilla. Los neerlandeses no suelen desayunar en las cafeterías, y por eso solo en lugares muy turísticos los cafés ofrecen desayunos.

El pan vuelve a ser protagonista en el almuerzo, ya que con poco más de media hora para comer, el menú es rápido: un sándwich, una ensalada o una sopa. En los cafés, los menús para los almuerzos ofrecen una gran variedad de bocadillos y de *tosti's:* sándwiches calientes a la plancha. También son típicas las *omelettes:* tortillas con champiñones, queso y jamón; los *uitsmijter:* huevos fritos sobre tostadas con jamón y queso; y las sopas en invierno.

❚ Cena

Cerca de las 18 h todos los amsterdameses están ya de vuelta a sus casas para cenar. Por norma general esta es la única comida caliente del día y suele hacerse de una manera relajada. Los platos típicos neerlandeses son más propios del invierno y entre ellos se encuentra el *boerenkool,* una col verde rizada, que se cocina con patatas y bacon, machacada y aderezada con vinagre, sal y mantequilla. La *erwtensoep,* sopa espesa de guisantes y panceta, se acompaña de *roggebrood,* pan de centeno.

Típicos también del invierno son todos los *stamppot,* purés a base de patatas y verduras diferentes. Las *pannekoeken* son otra de las especialidades neerlandesas para la cena. Son grandes tortas o crepes que suelen servirse con todo tipo de coberturas: carne, verduras, pescado, jamón y queso, bacon, etc. Las favoritas de los niños son las dulces, con sirope de caramelo, azúcar en polvo y mantequilla.

Las *poffertjes* hacen las delicias de los más pequeños, son unas tortitas diminutas de unos 2 cm de diámetro que se sirven como las crepes dulces, con sirope, mantequilla y azúcar en polvo. No podía faltar tampoco la patata. Las *patat*, o *frites*, suelen acompañar a todos los platos en los restaurantes, pero también constituyen una comida rápida pudiéndose comprar en muchos puestos callejeros y en las cafeterías.

La cocina neerlandesa está muy influida por la de sus antiguas colonias en Indochina y las Antillas caribeñas. Los platos más populares que se han apropiado ya los neerlandeses son el *kip-sate* (pollo en brocheta con salsa de cacahuete) y el *gado-gado* (verduras y carne con salsa de cacahuete).

A pesar de ser un país que mira al mar, los neerlandeses no son grandes consumidores de pescado. Los más frecuentes son el *haring* o *maatjes* (arenques) y el *paling* (anguila). Suelen comerse crudos (aderezados con cebolla picada) o ahumados, y se venden en puestos callejeros y en supermercados.

Para picar

Lo más parecido a nuestras tapas son las *bitterballen*, unas croquetas de carne con una cubierta crujiente y picante. Si pide usted *bittergarnituur*, le traerán un plato con algunas *bitterballen* y otras variedades, como croquetas de arroz picante, trocitos de salchicha, mini rollitos de verduras y croquetas de queso. Las tablas de queso (*kaasplankjes*) son también habituales para ir abriendo boca.

Bebidas

La bebida por excelencia es la cerveza. Hay tres grandes marcas: Heineken, Grolsch y Amstel. La última quizás la más querida por los amsterdameses, ya que es su cerveza local. Heineken sacó hace tiempo al mercado una cerveza ligera que se ha convertido en la bebida del verano: la Wieckse Witte, o *witbier*, de menos graduación alcohólica y que se sirve con una rodaja de limón. Si se pide la cerveza por su marca, nos traerán una botella, si pedimos una *pilsje* o una *biertje*, nos servirán una caña. La otra bebida del país es la ginebra (*jenever*). Suele servirse en copitas pequeñas y suelen acompañar a otras bebidas como un café, o incluso una cerveza (*kopstoot*, coscorrón).

Entre los niños, las bebidas más populares son el *cassis* (refresco de moras con burbujas), el *chocomelk* (batido de chocolate), y el *fristi* (bebida de yogur).

Alrededores
de
Ámsterdam

Si Ámsterdam tiene el sabor más multicultural y colorista de todo el país, a escasos kilómetros de este crisol de culturas comprimidas entre canales y calles empedradas, están los pueblos más pintorescos de la geografía neerlandesa. Y muy cerca podemos descubrir La Haya y Rotterdam, las otras dos grandes ciudades que junto con Ámsterdam forman la famosa *Randstad*, el triángulo administrativo y financiero del país. Esta construcción geográfica divide a los neerlandeses en dos: los ciudadanos de la *Randstad*, la gran ciudad, y los habitantes de la *platteland*, la tierra plana, es decir, todos los demás. El constraste con los alrededores de las grandes ciudades es el espacio. Aquí ya no hay aglomeraciones, solo pueblos que surcan las grandes extensiones de pastos verdes salpicados por vacas y los cultivos de flores geométricamente definidos con miles de colores y olores.

Alrededores

El tamaño de los Países Bajos hace que relativamente cerca de Ámsterdam se encuentren un buen número de destinos atractivos que conocer. Para facilitar las visitas los dividimos según estén al sur o al norte de la capital.

◄ Campo de tulipanes en los alrededores de Ámsterdam.

▼ La ciudad de Haarlem.

HACIA EL SUR

OUDERKERK AAN DE AMSTEL   ★★★

Es uno de los destinos preferidos de los amsterdameses para el fin de semana. Está a 12 km al sur. Con buen tiempo, muchos cogen las bicicletas hacia este enclave a orillas del río Amstel. Sigue manteniendo su caracter bucólico, con bonitas granjas aún dedicadas a la producción de leche, quesos, yogur y huevos. El centro del pueblo está surcado de cafés y restaurantes para descansar tras una hora de pedaleo.

📍 A 12 km al sur de Ámsterdam

HAARLEM   ★★★

Haarlem es una ciudad bonita conocida hoy más por su oferta comercial que por su pasado esplendoroso.

En el siglo XIII recibió del conde Guillermo II la carta de derechos que la convertía en ciudad. En los siglos siguientes ocupó un lugar destacado en la economía del país, ya que entre el XIV y el XV fue uno de los más importantes centros en la producción de paño, lana

📍 A 20 km al oeste de Ámsterdam

Oficina de turismo
✉ Grote Markt 2
📞 www.visithaarlem.com
🕐 L-S: 10-17 h;
D: 11-15 h

▲ Molino De Adriaan,
en Haarlem.

Sint Bavokerk
✉ Oude Groenmarkt 23
☎ www.bavo.nl
⌚ L-S: 10-17 h
🗎 Económico

Stadhuis
✉ Grote Markt 2

¿Sabías que...?

Los habitantes de Haarlem son conocidos por el apodo de *muggen* (mosquitos) desde hace varios siglos, quizá obedezca a que en siglo XIV era una ciudad rodeada de agua y pantanos, y, por tanto, había muchos mosquitos. Otra leyenda dice que, en la lucha contra los españoles, los jóvenes haarlemeses estaban convencidos de que podían ganar a la Armada Invencible, a lo que los más veteranos de la ciudad contestaron que eran solo mosquitos frente a un gigante.

y cerveza. A partir del siglo XVI su industria decayó progresivamente debido al gran crecimiento de la cercana Ámsterdam y a la falta de puerto. Sin embargo, ha conservado su belleza y ha recuperado su fama de ciudad comercial gracias a las tiendas y los numerosos mercados que se celebran a lo largo de la semana.

En el centro, alrededor del **Grote Markt,** el mercado grande, se erigen algunos de sus monumentos más bonitos, como la **Sint Bavokerk,** una iglesia del siglo XIV, uno de los monumentos del país protegidos por la Unesco. Destaca su órgano, conocido como *Müllerorgel,* ya que fue fabricado por el maestro alemán Müller. Fue el más grande del mundo y fue tocado por Mendelssohn, Händel y un pequeño Mozart de diez años, que ofreció aquí un concierto a finales del siglo XVIII.

También en el Grote Markt se localiza el **Stadhuis,** un ayuntamiento que allá por el siglo XIII, era la residencia de caza de los condes de Holanda. Ha sufrido muchas transformaciones, pues fue presa de un incendio que lo dañó seriamente en el siglo XIV.

A orillas del Spaarne, el río que surca la ciudad, se halla el bonito molino conocido como **De Adriaan.** Es del siglo XVIII, aproximadamente de 1779 y en su origen se diseñó para moler conchas y piedras para hacer arenas finas que sirvieran para la fabricación de masillas. En 1802 se vendió a un comerciante tabaquero y se utilizó como fábrica de tabaco. En 1930, una fuerte tormenta que arrasó la ciudad lo dañó considerablemente, pero después de varias renovaciones ha recuperado su imagen de antaño y se utiliza hoy como museo *(www.molenadriaan.nl)* en el que se muestra el funcionamiento de los molinos.

El museo más famoso es el dedicado al pintor del siglo XVII Frans Hals, uno de los favoritos de Van Gogh. El **Frans Halst Museum** ocupa las instalaciones de un antiguo asilo de principios del XVII. Expone las mejores obras de este retratista conocido por su dominio del estilo barroco y su admiración por Caravaggio. También exhibe obras de otros pintores de la misma época como Dirck Hals, Jan Steen, Pieter Claesz y Jacob van Ruisdal.

I ROYAL FLORAHOLLAND ***

Es la subasta de flores más grande del país y en ella se compran las flores que terminarán en los mercados de medio mundo. Desde el centro de visitantes se pasa a la sala de subastas a través de un corredor que permite ver la mercancía que se va a subastar, así como a los profesionales que comprueban la calidad de los productos y cómo las ofertas se suceden a una gran velocidad.

Muy cerca, se pueden visitar también los **jardines históricos de Aalsmeer** *(www.historischetuinaalsmeer.nl)*, 13.000 m² dedicados al cultivo de todo tipo de flores, y el **Museo de Arte Floral** *(www.flowerartmuseum.nl)*, que muestra la conexión entre el arte y las flores. Para visitar los dos hay una entrada combinada.

I NAARDEN **

Es una de las ciudades fortificadas mejor conservadas de Europa y una peculiaridad de sus murallas es que tienen forma de estrella. La fortificación es del siglo XVII, con doble amurallado y foso de agua. Se puede visitar casi en su totalidad de manera gratuita, excepto el terreno que corresponde al **Nederlands Vestingmuseum**, un museo nacional que narra la historia de las fortificaciones neerlandesas. Cuenta con una zona al aire libre: las murallas, parte del foso y un torreón de defensa; y otra subterránea, que recrea cómo vivían los soldados en el siglo XVII. Muestra una colección de objetos y armamento utilizados en sistemas de defensa de 1350 al 1965.

En esta ciudad está enterrado el famoso teólogo checo Comenius, que llegó a Países Bajos huyendo de la persecución ideológica que sufrió durante la Guerra de los Treinta Años. En Ámsterdam desarrolló parte de su obra teológica y pedagógica. Allí falleció en 1670, pero tuvo que ser enterrado por falta de dinero en la **Waalsekerk** de Naardem. Muchos checos visitan esta iglesia cada año, así como el museo adyacente, **Comeniusmuseum**, dedicado a la vida y obra de Comenius que acoge el original de su famosa obra *Opera Didactica Omnia*.

¿Sabías que...?

Haarlem es conocida por haber inspirado la fundación de uno de los barrios emblemáticos de Nueva York. En 1658, Pieter Stuyvesant fundó un asentamiento de colonos al norte de Manhattan al que llamó Nieuw Haarlem.

· · · · · · · · ·

🏠 A 23 km al suroeste de Ámsterdam

✉ Legmeerdijk 313
☎ 88 789 89 89
🌐 www.royalfloraholland.com
🕐 L-X y V: 7-11 h y J: 7-9 h
🚻 357
♿ Bueno
💰 Moderado
ℹ Para ver la subasta y coger un buen sitio es necesario madrugar

· · · · · · · · ·

🏠 A 24 km al sureste de Ámsterdam

Nederlands Vestingmuseum
✉ Westwalstraat 6
🌐 www.vestingmuseum.nl
🕐 M-D: 10.30-17 h
💰 Moderado

Comeniusmuseum
✉ Kloosterstraat 33
☎ 035 6943045
🌐 www.comeniusmuseum.nl
🕐 M-D: 12-17 h
💰 Barato

📍 A 32 km al oeste
de Ámsterdam

Oficina de turismo Zandvoort
✉ Swaluëstraat 1
🌐 www.visitzandvoort.com
🕐 L-V: 9-17 h; S: 10-17 h
🚆 Desde Ámsterdam CS tren directo a Zandvoort. El viaje dura media hora y la estación está frente a la playa

Zandvoort Museum
✉ Swalvëstraat 1
🌐 zandvoortsmuseum.nl/en
🕐 X-D: 11-17 h
💳 Económico

▼ Casitas de playa
en Zandvoort.

📍 Bollenstreek: a 34 km al suroeste de Ámsterdam. Keukenhof: a 39 km al suroeste de Ámsterdam

▌ ZANDVOORT ★★

Los amsterdameses reclaman Zandvoort como su playa. Es la preferida de muchos neerlandeses por su limpieza, su mar tranquilo, aunque frío, y sus arenas blancas. Durante el verano es un animado centro de diversión con bonitos cafés y restaurantes.

Hasta finales del siglo XVIII era un tranquilo pueblo de pescadores, protegido por dunas, producidas por la naturaleza y por la acumulación de la arena que se sacó de la construcción de Haarlem en siglo XVII. Estas se apoderaron del paisaje y sirvieron no solo para proteger las casitas de los pescadores del viento y del frío del mar del Norte, sino que dieron cobijo a un cultivo impensable antes en la arena: la patata.

En el siglo XIX comenzaron a plantarse patatas con un sabor y una calidad excepcionales. Pronto Zandvoort se hizo famoso por sus *duinenaardapelen,* las patatas de las dunas. Durante la epidemia que afectó a todos los cultivos de patatas en el norte de Europa entrado el siglo XIX, las patatas de Zanvoort, protegidas por las dunas, no sufrieron el contagio y se siguieron vendiendo en los mercados del país. Se puede conocer la historia de la ciudad a través de una visita al museo municipal: **Zandvoort Museum.**

▌ BOLLENSTREEK Y KEUKENHOF ★★★

Bollenstreek quiere decir la "zona de los bulbos". Aunque hoy también florecen jacintos, narcisos, dalias y gladiolos, la atracción principal sigue siendo el tulipán cuando llega la primavera. A esta flor debe su origen la **Bollenstreek,** ya que en el siglo XVII, cuando Países

Bajos vivió la *tulipanmanía,* se comenzaron a adaptar zonas arenosas de las dunas del norte para convertirlas en tierras de cultivo para estas flores que estaban impactando el mercado nacional y europeo. La Bollenstreek comprende tres zonas: una que ocupa entre el norte de Leiden y Haarlem; la segunda, más al norte, entre Aerdenham y Castricum, y parte del norte de Alkmaar; y la tercera, aún más al norte, en la zona de Breezand.

Si prefiere pasear tranquilamente entre las flores por el **jardín** más grande del país, lo mejor es visitar el **Keukenhof**. Aquí nacen millones de bulbos, la mayoría tulipanes, narcisos y jacintos cada año. Solo abre en primavera, que es cuando nacen las flores y lucen en su máximo esplendor. Comprende 32 ha y anualmente recibe un millón y medio de visitantes. En origen era el jardín del castillo de la condesa Jacoba van Beieren. Ella misma cultivaba en huertos, productos y plantas aromáticas que usaba en su cocina, de ahí su nombre Keukenhof (*keuken* = cocina y *hof* = huerto, jardín).

▲ Coloridos campos de tulipanes en Keukenhof.

· · · · · · · · ·

Jardín Keukenhof
- Stationsweg 166a, en Lisse
- https://keukenhof.nl/en/
- Final marzo-mediados mayo, L-D: 8-19.30 h
- Muy bueno
- Caro
- Cada 15 minutos sale del aeropuerto Schiphol un autobús directo al Keukenhof (línea 361)

▌ UTRECHT ★★★

Es una de las ciudades más antiguas del país con dos milenios a sus espaldas. Sus orígenes se remontan a la época del Imperio Romano. Siempre ha estado ligada al catolicismo, e incluso después de la Reforma, la comunidad católica de Utrecht siguió activa públicamente. Su catedral es una de las pocas catedrales católicas que quedan en el norte del país.

Al igual que en Ámsterdam, su centro está surcado por canales que la definen. La peculiaridad de los de Utrecht es que tienen dos niveles. Uno de los más boni-

· · · · · · · · ·

🛈 A 46 km al sureste de Ámsterdam

▲ Vista de Utrecht con la catedral al fondo, la Torre de Dom es la más alta del país.

Oficina de turismo Utrecht
- ✉ Domplein 9
- ☎ www.visit-utrecht.com
- 🕐 L-D: 10-18 h

Domtoren
- ✉ Domplein 9-10
- ☎ www.domtoren.nl
- 🕐 Los tours (una hora) comienzan a las 11 h y finalizan a las 18 h
- 🎫 Moderado. Las entradas se compran online o en la oficina de turismo

tos y el más céntrico es el **Oudegracht.** En él podemos ver cómo, cuando en el siglo XIV se crearon las esclusas para controlar su cauce, descendió el nivel del agua y dejó a la vista los sótanos y almacenes que entonces abrieron nuevas puertas de cara al agua, con lo que se crearon esos dos niveles característicos. Hoy los sótanos y almacenes se han convertido en tiendas, talleres de artistas y restaurantes. También se pueden hacer excursiones por los canales o alquilar una bicicleta de agua para recorrerlos.

En su centro, en la plaza más antigua, la **Domplein,** se halla la catedral con su torre, situada al otro lado de la acera. Antiguamente estaban unidas por una nave, pero durante un huracán que azotó la ciudad en 1674, la nave voló por los aires. Nunca se volvieron a unir, y se creó así una peculiar catedral con dos edificios separados. La **Domtoren** se ha convertido en emblema de Utrecht y puede verse desde casi todos los puntos de la ciudad. Es la más alta del país, con 95 m de alto, y ofrece impresionantes vistas. Los más atrevidos pueden subir sus casi 500 escalones hasta la cima y ver de cerca las magníficas campanas de más de 32.000 kg.

La Domplein es una plaza muy conocida por la comunidad española en Países Bajos, ya que aquí se encuentra la sede del Instituto Cervantes (www.cervantes.nl).

Detrás de la torre se enclava la iglesia medieval Buurkerk, hoy sede del **Nationaal Museum van Speelklok tot Pierement,** un museo que contiene una colección de carillones y organillos de todos los países y épocas. Es un espacio divertido para los niños.

Fue la ciudad de uno de los diseñadores más famosos del siglo pasado: **Gerrit Rietveld.** Lo mejor de su obra puede verse en la **casa Rietveld Schröder**, la única casa diseñada en su totalidad por Rietveld, aunque en parte tuvo mucha influencia su propietaria, la decoradora de interiores Truus Schröder. Es un auténtico museo de diseño y vanguardia. Algunas piezas, como la silla *Rietveld,* se han convertido en diseños clásicos de nuestra era.

I LEIDEN ✴✴

A mitad de camino entre La Haya y Ámsterdam, se halla la ciudad universitaria por excelencia. En esta ciudad se fundó la primera universidad de Países Bajos, una de las más prestigiosas de Europa. Aquí han estudiado la mayoría de los miembros de la familia real neerlandesa.

Su pasado estuvo ligado al comercio textil. Vale la pena dar un paseo por el barrio de **Rapenburg,** poblado de pequeñas mansiones del siglo XVII construidas para los ricos artesanos del gremio textil, que pasaron a ser dependencias de los profesores de la universidad.

En este noble barrio se ubica el famoso **Hortus Botanicus,** uno de los jardines botánicos más bonitos de Europa y el más antiguo de los Países Bajos. En esta zona merece también una visita el museo arqueológico **Rijksmuseum van Oudheden,** con una interesante colección que se remonta a la Prehistoria. Otros museos a destacar son el **Corpus,** un museo que propone un viaje interactivo a través del cuerpo humano, y **Naturalis,** museo de historia natural recientemente renovado. La animación se encuentra en la **Hoogstraat**, una calle repleta de restaurantes y cafés con mucho ambiente.

I DEN HAAG (LA HAYA) Y SCHEVENINGEN ✴✴✴

Aunque la capital del reino es Ámsterdam, el centro administrativo está en La Haya. Aquí encontramos la sede del gobierno central y la residencia oficial de la familia real. Es una ciudad señorial y afrancesada y el diseño de sus grandes avenidas surcadas de mansiones y zonas ajardinadas recuerda mucho a París. Su mezcla de culturas se debe a la presencia constante de diplomáticos, ya que se ubican las embajadas de países extranjeros con representación en Países Bajos y, además, se halla el Tribunal Internacional de Justicia y la Corte Penal Internacional.

Senadores y diputados llevan las riendas del país desde el corazón de la ciudad, en el bonito marco del **Binnenhof.** En el centro del patio vemos la entrada al **Ridderzaal,** la sala de Caballeros, del siglo XIII. En sus orígenes se utilizó ya como sala de reuniones de los caballeros de la corte para discutir temas de Estado.

🚩 A 49 km al suroeste de Ámsterdam

Oficina de turismo Leiden
✉ Stationsweg 26
🌐 www.visitleiden.nl/en
🕐 L-V: 8-18 h; S: 10-16 h y D: 11-15 h

Hortus Botanicus
✉ Plantage Middenlaan 2a
🌐 www.dehortus.nl
🕐 L-D: 10-17 h; 💰 Moderado

Rijksmuseum van Oudheden
✉ Rapenburg 28
🌐 www.rmo.nl
🕐 L-D: 10-17 h; 💰 Moderado

Corpus
✉ Willem Einthovenstraat 1
🌐 www.corpusexperience.nl
🕐 M-D: 9.30-15/17 h
💰 Caro

🚩 A 61 km al suroeste Ámsterdam

Oficina de turismo La Haya
✉ Julianaplein 10
🌐 https://denhaag.com
🕐 L-V: 10-18 h; S: 10-17 h y D: 10-15 h

▲ Palacio de Binnenhof de La Haya, y debajo, el elegante Grand Hotel.

Binnenhof/Riderzaal
✉ Binnenhof 8a
🕐 En renovación

Mauritshuis
✉ Plein 29
📱 www.mauritshuis.nl
🕐 L: 13-18 h; M-D: 10-18 h
🍴 Caro

Grand Hotel Amrâth Kurhaus The Hague
✉ Gevers Deynootplein 30
📱 www.amrathkurhaus.com

En septiembre es escenario de la apertura del curso parlamentario con la presencia de los reyes Guillermo y Máxima. En el Binnenhof se encuentra también la primera cámara, el Senado.

A escasos metros del Binnenhof aparece la **Mauritshuis,** una mansión construida en 1644 por Johan Maurits van Nassau, almirante de la armada neerlandesa. En 1822 se convirtió en museo con el depósito de la colección real de pintura que había comenzado el príncipe Guillermo V en el siglo XVIII. Está lleno de joyas pictóricas de Rembrandt (*Lección de Anatomía*), Vermeer, (*La joven de la perla* y *Vista de Delft)*, Rubens, Jordaens, Van Dijck, Menling, etc.

Una de las atracciones más visitadas en La Haya por grandes y pequeños es **Madurodam**. El parque reproduce a pequeña escala los monumentos y lugares emblemáticos de los Países Bajos. Inaugurado en 1952 por la reina Juliana, comenzó como homenaje a un niño judío, George Maduro, muerto en el campo de concentración de Dachau. Su padre creó este parque en su memoria. La entrada es cara pero parte del dinero está destinado a las organizaciones mundiales dedicadas a la lucha de los derechos fundamentales de los niños.

Si hay algo que Ámsterdam tiene que envidiar a La Haya es la costa. A las afueras besa el mar a través de **Scheveningen**. La grandiosidad de la **Kurhaus,** un hotel balneario de cinco estrellas, recuerda el carácter señorial de esta zona. Es famoso su paseo lleno de restaurantes que miran al mar del Norte y en el centro su malecón que bordea la playa, con una cafetería sobre el mar. El último sábado de mayo los pesqueros salen del puerto de Scheveningen para pescar el primer ejemplar de arenque de la temporada, que se regala al rey.

DELFT **

Es famosa principalmente por tres cosas: su cerámica azul; ser cuna de uno de los pintores neerlandeses más conocidos: Jan Vermeer (1632-1675); y albergar, bajo la Nieuwe Kerk, el panteón familiar de la familia real.

La cerámica azul de Delft, **Delfts Blauwe,** es conocida en el mundo entero. Se usaban en la fabricación de azulejos, que no solo adornaban los contornos de las cocinas y chimeneas de muchas casas del siglo XVII, sino también para cubrir las paredes de las entradas de algunos edificios.

La gran actividad comercial de la VOC (Compañía de las Indias Orientales) trajo a Países Bajos piezas de cerámica chinas, sobre todo de la dinastía Ming, lo que influyó en los artesanos de Delft. Comenzaron a aplicar sus técnicas, diseños y decoraciones en la fabricación de platos y jarrones. A principios del siglo XVIII las fábricas de cerámica alcanzaron su apogeo. Los artesanos se convirtieron en renombrados artistas. Sin embargo, con los años, la cerámica inglesa, más barata y de buena calidad, comenzó a invadir los mercados y las fábricas artesanas de Delft fueron cerrando. Hoy solo quedan tres y están abiertas al público: De Poceleyne Fles, Goedewaagen y De Candelaer.

El pintor Jan Vermeer se ha convertido en símbolo de la ciudad, especialmente por uno de sus lienzos más conocidos, *La joven de la perla*, cuyo proceso de creación fue llevado al cine. Era un gran paisajista y dejó plasmados los bellos paisajes que rodean la ciudad.

Es el lugar de reposo eterno de la familia real neerlandesa. En la **Nieuwe Kerk,** en el centro de la plaza, se halla el subterráneo donde están enterrados los miembros de la familia Orange-Nassau, entre los que está Guillermo el Silencioso, que lideró la revuelta de Países Bajos contra España y que fue asesinado en Delft en 1548.

GOUDA **

En medio de la plaza del Markt, como si de un castillo de cuentos de hadas se tratara, se encuentra el **Stadhuis,** uno de los ayuntamientos más bonitos de Países Bajos, de estilo gótico y cuyo interior merece una visita. Fuera, en uno de los laterales de la fachada, se ve y escucha su carillón, compuesto por varias

A 63 km al suroeste de Ámsterdam

Oficina de turismo Delft
Stationsplein 7
www.delft.com
Abr-sep: D y L: 10-16 h; M-S: 10-17 h; Oct-mar, D y L: 11-15 h, M-S: 10-16 h

Fábricas de cerámica:
De Porceleyne Fles
Rotterdamseweg 196
https://royaldelft.com
9.30-17 h Caro

A 74 km al sur de Ámsterdam

Oficina de turismo Gouda
Markt 35
welcometogouda.com
L-D: 10-17 h

Stadhuis
Markt 1
www.goudastadhuis.nl
De 10-16 h; L y V cerrado

St. Janskerk
Achter de Kerk 16
https://sintjan.com
L-S: 9-17 h
D: solo misas
Moderado

Museum Gouda
Achter de Kerk 14
www.museumgouda.nl
M-D: 11-17 h

● ● ● ● ● ● ● ● ● ●

🏛 A 74 km al suroeste de Ámsterdam

Oficina de turismo Rotterdam
✉ Coolsingel 114;
   Stationsplein 21
📞 https://rotterdam.info
🕐 L-D: 9.30-18 h

figuras que representan la firma del conde Floris V de los fueros de la ciudad, allá por 1272. Merece la pena una visita a la **iglesia de Saint Jan**, patrón de la ciudad. Es la iglesia más larga del país y famosa por sus vidrieras del siglo XVI. A su lado está el Museo de la Ciudad (**MuseumGouda),** que ocupa dos edificios históricos: *Het Catherina Gasthuis* y *De Moriaan*, de los siglos XVI y XVII. Se muestra una colección de objetos, muebles y pinturas que recorren la historia de Gouda.

❚ ROTTERDAM ✱✱

Rotterdam es la ciudad más moderna del país. En 1940 sufrió uno de los bombardeos más devastadores de la Segunda Guerra Mundial y quedó prácticamente reducida a cenizas.

En recuerdo de aquel trágico año se erige el monumento **De Verwoeste Stad,** *La ciudad desolada*, en la plaza **Plein 1940,** al lado de Leuvehaven. Esta gigante estatua de bronce, del escultor ruso Ossip Zadkine, preside una enorme plaza vacía que ha sido bautizada con el año del bombardeo. Antes de la guerra esta zona estaba llena de casas y pequeñas callejuelas alrededor del puerto.

A partir de entonces hubo que reconstruir Rotterdam en su totalidad, pero en vez de reproducir el estilo de los viejos edificios, sus dirigentes quisieron darle nuevos aires. La ciudad se convirtió así en un museo al aire libre de arquitectura moderna. Son muy conocidas dos de las obras que el arquitecto P. Blom realizó: **Kubushuizen** o **Kijk-Kubus** (Casas Cubo) y **Het Potlood,** un edificio en forma de lápiz.

▼ Las llamativas Casas Cubo de Rotterdam.

▲ El puente Erasmo
y al fondo el rascacielos
De Rotterdam.

Al otro lado de la Plein 1940 está el **Museo Marítimo.** Es el más antiguo del país y cuenta con una importante colección de piezas y embarcaciones que recorre la historia pesquera de Países Bajos y su pasado como comerciantes y navegantes. Otro museo importante es el dedicado a la arquitectura. En 2013 surgió el **Nieuwe Instituut** de la fusión del NAI (Nederlands Architectuurinstituut), el Premsela (Nederlands Instituut voor Design en Mode), y la plataforma virtual (kennisinstituut voor e-cultuur). Su colección recorre la historia de la arquitectura neerlandesa desde el siglo XIX hasta nuestros días concibiéndola como espejo del carácter de un pueblo en momentos históricos determinados.

Al lado del Nieuwe Instituut abren sus puertas otros museos como el **Museum Boijmans Van Beunigen** (Museumpark 18-20, *www.boijmans.nl/en*), con importantes obras de maestros de la pintura flamenca y otros artistas modernos, actualmente en remodelación. Junto a él apareció en 2021 el nuevo emblema de la ciudad, el **Depot** (Museumpark 24; *de 11-16.45 h, excepto lunes; www.boijmans.nl/depot*), un depósito de arte dentro de una maceta acristalada de 6 pisos, en el que además de hacer público el fondo de la colección del museo Boijmans se puede echar un vistazo a los entresijos de un almacén museístico.

En este parque de museos se alza uno de los protagonistas del perfil de la ciudad: el **Euromast,** que recuerda al *Pirulí* madrileño. Tiene 185 m de altura y se construyó en 1960 con motivo de la celebración de la exposición mundial de flores Floriade.

Euromast
✉ Parkhaven 20
🏠 https://euromast.nl
🕐 L-D: 9.30-22 h
🚇 Moderado

Excursiones al Europoort
🏠 rondvaarteuropoort.nl
🕐 Consultar página web
🚇 Caro

Nieuwe Instituut
✉ Museumpark 25
🏠 hetnieuweinstituut.nl
🕐 M-D y fes: 10-17; J: 10-21 h
🚇 Caro

Kijk Kubus
✉ Overblaak 70
🏠 www.kubuswoning.nl
🕐 11-17 h 🚇 Económico

**Museo Marítimo
(Maritiem Museum)**
✉ Leuvehaven 1
🏠 https://maritiemmuseum.nl
🕐 M-S: 10-17; D y fes: 11-17 h
🚇 Caro

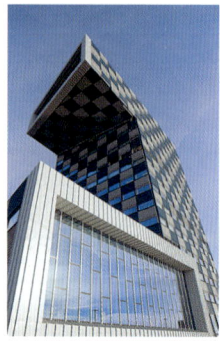

▲ Arquitectura contemporánea de Rotterdam. Molinos en Zaanse Schans.

∙∙∙∙∙∙∙∙∙∙

🏠 A 20 al noroeste de Ámsterdam

Zaandam

✉ Schansend 7

📞 www.dezaanseschans.nl

🕐 De 9-17 h. Pero varían según mes y atracción. Consultar su web

🚆 Desde la estación central de ferrocarril de Ámsterdam hasta Zaandijk- Zaanse Schans, 17 minutos. Desde la estación, 15 minutos caminando hasta Zaanse Schans

🚌 En autobús, el número 391, que sale de la estación central en Ámsterdam, deja en la puerta del recinto

Después de la Segunda Guerra Mundial, Rotterdam no solo se recuperó arquitectónicamente, sino que consiguió convertir su puerto, **Europoort,** en uno de los más importantes del mundo. Cada día se mueven millones de toneladas de mercancías procedentes de todo el mundo. El puerto está totalmente automatizado y se puede visitar mediante excursiones guiadas.

Al norte de la ciudad está **Delfshaven**. En el siglo XIV, Delft fundó esta pequeña colonia en un enclave que le permitía una conexión con el mar, a través del río Mosa. Alrededor del pequeño puerto se fundó un pueblo, Delfshaven, que pasó a pertenecer a Rotterdam.

Es la única parte pintoresca de la ciudad, con casitas del siglo XVI que se alinean frente al agua, ya que no se vio afectada por los bombardeos. En 1620 partieron de este puerto los padres fundadores de América del Norte, los peregrinos que fundarían la primera colonia en Massachusetts. Aquí nació el famoso pirata Piet Heyn, conquistador de Pernambuco y fundador de Nueva Holanda.

HACIA EL NORTE

❙ ZAANSE SCHANS   ✶✶

El Zaanse Schans es un museo al aire libre situado en un pólder a unos 20 km al noroeste de Ámsterdam. Es un gran parque temático que recrea una ciudad neerlandesa de los siglos XVII y XVIII y cómo era la vida en la sociedad de aquella época.

Cuenta con molinos de viento, casas, granjas, barcos y museos dentro del recinto. En el siglo XVII, más de mil molinos poblaban la orilla del Zaan, el Zaanse Schans ha recuperado seis: dos de aceite, uno de mostaza, uno mineral y dos de madera. También hay una fábrica de zuecos de madera, una tienda del siglo XVIII y un museo de relojes.

I VOLENDAM Y MARKEN ⭐⭐⭐

Este pequeño pueblo marinero se ha convertido en uno de los lugares más turísticos de los alrededores de la capital, como atestiguan sus numerosas tiendas de recuerdos. Para los neerlandeses, Volendam, además de un foco de turismo extranjero, es cuna de artistas conocidos, ya que muchos cantantes de baladas populares han nacido aquí, entre ellos Jan Smit que, con su voz de ruiseñor, los conquistó.

En Volendam se puede pasear por el puerto, donde se amontonan los cafés y las tiendecillas; visitar una fábrica de arenques ahumados (Paviljoen Smit Bokkum, en Slobbeland 19; *www.smitbokkum.nl*), o una quesería y fábrica de zuecos (De Simonehoeve en Klompen, Wagenweg 2; *https://simonehoeve.com*) y sacarse una foto con el traje regional, zuecos y queso en mano en las tiendas. Si se busca oferta cultural, el **Volendams Museum** (Zeestraat 41; *https://volendamsmuseum.nl*), muestra objetos dispares sobre la historia del puerto. Es un pueblo de raíces católicas y contrasta con Marken, al otro lado del lago, poblada desde hace siglos por una comunidad calvinista. Se puede pasar en barco desde Volendam.

La historia de la isla de **Marken** se remonta al siglo XIII cuando estaba habitada por monjes que se dedicaban a la agricultura y ganadería. Siglos más tarde abandonaron su monasterio y los pescadores de pueblos cercanos se asentaron en las tierras. Levantaron un pueblecito con casas de madera verde y blanca sobre postes para aislarlas de la humedad del suelo y de crecidas del mar. La última tragedia tuvo lugar a principios del siglo XX cuando la isla se inundó: perecieron 16 pescadores y la mayoría de los habitantes se quedó sin hogar. Se construyeron diques de protección y, desde los años 50, está unida a tierra firme por un dique. El aislamiento al que estuvo sometida hasta mediados del siglo XX ha hecho que hayan podido preservar su

▲ Puerto de Volendam.
Faro de Marken.

- Volendam: a 22 km al noreste de Ámsterdam. Marken: a 24 km al noreste de Ámsterdam

Oficina de turismo Volendam
- Zeestraat 37
- www.vvvedamvolendam.nl
- L-S: 11-16 h

Marken Express
Haven Volendam
- www.markenexpress.nl
- Consultar en su web su frecuencia que varía según la época del año
- Moderado

dialecto y costumbres. Hasta hace unas décadas las mujeres, calvinistas, vestían trajes tradicionales con largas faldas, mandiles bordados y cofias blancas.

En Marken se puede pasear por el puerto, dar una vuelta por sus calles y caminar hasta el faro, conocido como **Paard van Marken,** el Caballo de Marken. Está asentado sobre el faro original del siglo XVII, pero la actual construcción data del siglo XIX. Ya no funciona, ahora es una vivienda particular.

I EDAM ✶✶

Conocida mundialmente por sus quesos de bola, es una ciudad con historia y enclave comercial importante desde el siglo XIV. Así lo evidencian los monumentos que aún se conservan y que convierten un paseo por sus calles en una lección de historia. En 1357 el conde Guillermo V le otorgó su carta de derechos como ciudad y les permitió construir un puerto franco, lo que convirtió al puerto de Edam en el más importante de aquella época junto con Ámsterdam, Hoorn y Enkhuizen.

Merece la pena visitar el **Edams Museum,** situado en una antigua casa de comerciantes del siglo XVI que conserva la estructura original, aunque su interior data del siglo XVII. El **Ayuntamiento,** de 1737 y de estilo Luis XIV, es una muestra de la riqueza que tuvo la ciudad. Destacan su escalera y una sala de Esponsales **(Trouwzaal).**

Su corazón es **Damplein** (1585), plaza presidida por la **Grote Kerk** (1606), una iglesia que ha recuperado su grandiosidad tras un restauración en el siglo XX.

Otro lugar pintoresco es la **Houten Huis,** situada entre Eilandsgracht y Breestraat y que fue construida a mediados del siglo XVI. Es la casa de madera más antigua de Edam y pese a tener una frágil estructura ha sobrevivido a numerosos incendios a lo largo de los siglos.

La **Kaaswaag,** casa de peso para los quesos, es otra de sus joyas. Data del siglo XVI, cuando Carlos I otorgó a la ciudad el derecho de tener una casa de peso pública.

I ALKMAAR ✶✶✶

Su historia está relacionada con el queso. Hay documentos que atestiguan que ya hacia 1365 existía en Alkmaar una casa de peso para los quesos que se fabricaban en las granjas de los alrededores.

En la actualidad es el único mercado de queso que se celebra de manera tradicional en todo el país. Cada viernes al llegar la primavera, la plaza Waagplein se llena de visitantes que contemplan cómo diferentes gremios de queseros comprueban la calidad de los quesos, los subastan y los transportan siguiendo los

••••••••••

🅿 A 23 al noreste de Ámsterdam

Oficina de turismo Edam
✉ Damplein 1
📞 www.vvvedamvolendam.nl
🕐 M-D: 11-16 h

Edams Museum
✉ Damplein 8
📞 https://edamsmuseum.nl
🕐 Abr-oct, M-D: 10-16.30 h; Nov-mar, S-D: 10-16.30 h
💶 Económico

Kaasmarkt
✉ Nieuwenhuizenplein
📞 www.kaasmarktedam.nl
🕐 Jul-ago, X: 10.30-12.30 h; Mercado nocturno, un sábado de agosto: 20.30-22 h

••••••••••

🅿 A 43 km al noreste de Ámsterdam

Alkmaar Kaasmarkt
✉ Waagplein
📞 www.kaasmarkt.nl
🕐 Del último V de mar hasta el último V de sep: 10-13 h.
Mercado nocturno, Jul-ago, M: 19-21 h

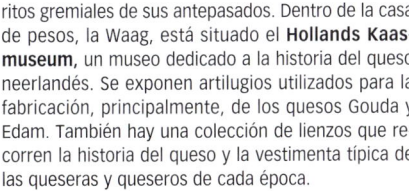

▲ Mercado de queso
en Alkmaar.

ritos gremiales de sus antepasados. Dentro de la casa de pesos, la Waag, está situado el **Hollands Kaas-museum**, un museo dedicado a la historia del queso neerlandés. Se exponen artilugios utilizados para la fabricación, principalmente, de los quesos Gouda y Edam. También hay una colección de lienzos que recorren la historia del queso y la vestimenta típica de las queseras y queseros de cada época.

I HOORN   ✱✱

Esta villa marinera tuvo un pasado esplendoroso como puerto de la VOC (Compañía de las Indias Orientales). Atracaban barcos cargados de sedas y perfumes, cerámicas chinas, especias y piedras semipreciosas y se exportaba al resto de Europa. Las mansiones de principios del siglo XVII recuerdan aquel magnífico pasado. Hoy su puerto, el **Binnenhaven**, está frecuentado por barcos deportivos y yates de recreo. Merece la pena acercarse hasta el dique **Westfriese Omringdijk**, un monumento nacional que protege a Hoorn del Ijsselmeer.

Su historia se recorre a lo largo del **Westfries Museum** en el edificio **Statencollege**, de 1632. Sus salas y pasadizos secretos fueron testigos de conversaciones y acuerdos entre nobles, ricos comerciantes de la VOC y poderosos miembros de la armada. Hoy (en renovación), sus paredes cobijan una colección de cerámica, plata, pinturas y otros tesoros de la ciudad.

Su nombre inspiró el del cabo de Hornos, al sur de Chile. Marinos españoles e ingleses habían descubierto esta zona, pero no había sido bautizada y se conocía como el pasaje de Drake. En 1615 partieron del puerto de Hoorn dos veleros: el *Eendracht* y el *Hoorn*. Un año después el *Hoorn* sufrió un incendio cerca de las costas de la Patagonia. El otro barco siguió adelante; encontró un pasaje (estrecho de Le Maire), y poco después divisó tierra alrededor de un cabo de mar al que bautizaron *Kaap Hoorn* en honor a sus compañeros y su pueblo.

🛈 A 45 km al noreste
de Ámsterdam

Oficina de turismo Hoorn
✉ Schuijteskade 1
🖥 www.hoorn.nl/toerisme
🕐 X-V: 10-17 h
S-L: 12-17 h

Westfries Museum
✉ Rode Steen 1
🖥 https://westfriesmuseum.nl
🕐 Cerrado por renovación,
museo temporal
Statenpoort (Nieuwstraat
23; M-D: 10-16 h)
💳 Moderado

Dónde...

Restaurantes

CENTRO DE ÁMSTERDAM

Barrio del Jordaan

La Oliva (M)
- ✉ Egelantierstraat 122-124
- 🌐 laoliva.nl
- ⏰ L-D: 12-22 h
- 🚋 2, 6, 5, 13, 17

Restaurante español con especialidad en pinchos y vinos. Situado en pleno centro del Jordaan, ha resultado del gusto de los neerlandeses que conocían ya las tapas, pero para los que los pinchos han llegado como un concepto nuevo.

Café de Prins (M)
- ✉ Prinsengracht, 124
- 🌐 www.deprins.nl
- ⏰ L-J y D: 10-1 y V-S: 10-2 h
  La cocina cierra a las 22 h

Este café se encuentra al lado del popular museo de Ana Frank y abre sus puertas durante todo el día. En su carta, ensaladas, sándwiches, hamburguesas, sopas... En las paredes, frecuentes exposiciones.

De Reiger (C)
- ✉ Nieuwe Leliestraat 34
- 🌐 dereigeramsterdam.nl
- ⏰ X-V: 17-24 h; S: 15-24 h; D, L y M: cerrado
- 🚋 13, 14, 17

Caro pero delicioso, merece la pena darse un capricho después de un largo paseo por el Jordaan. Ofrece una buena carta de pescados, además de opciones para vegetarianos. Decoración Art Deco y Art Nouveau.

Grandes canales

Bekkabakka (E)
- ✉ Gasthuismolensteeg 9
- ⏰ L-S: 12-19 h; D: 12.30-17.30 h
- 🚋 1, 2, 5, 6, 7, 10

Cocina italiana con raciones abundantes y buen precio. Preparan también bocadillos variados, una opción ideal si decide ir a comer sobre la hierba fresca del parque Vondelpark.

De Blauwe Hollander (E-M)
- ✉ Leidsekruisstraat 28
- 🌐 deblauwehollander.nl
- ⏰ L-J: 12.30-22.30 h; V-D: 12-22.30 h
- 🚋 1, 2, 5, 7, 10

Frecuentado por estudiantes por sus buenos precios y sus mejores raciones, este restaurante ofrece una muestra de la cocina tradicional neerlandesa sin muchas pretensiones en cuanto a presentación y más profundidad en cuanto al sabor.

Pancake Bakery (E-M)
- ✉ Prinsengracht 191
- 🌐 www.pancake.nl
- ⏰ Diario: 9-20.30 h
- 🚋 13, 17

Prepara las mejores tortitas de la ciudad, con todo tipo de ingredientes dul-

ces y salados y opciones vegetarianas. Uno de los restaurantes preferidos por los más pequeños.

Wagamama (E-M)
- ✉ Max Euweplein 10
- 🌐 www.wagamama.nl
- ⏰ L-D: 12-22 h
- 🚋 2, 5, 3, 12

Un restaurante perteneciente a una cadena internacional de comida asiática, con muchos tintes japoneses. El primer restaurante abrió sus puertas en Londres en la década de 1990 y hoy tienen restaurantes por Europa y el Pacífico. Su lema: comida asiática fresca, sabrosa y saludable. A lo que hay que añadir su notable relación calidad-precio.

Bojo (M)
- ✉ Lange Leidsedwarsstraat 49
- 🌐 www.bojo.nl
- ⏰ L-D: 16-23 h
- 🚋 1, 2, 5

Su cocina está basada en la gastronomía indonesia y ofrece una extensa carta con buenas raciones a precios moderados.

PLong Pura (M)
- ✉ Rozengracht 46-48
- 🌐 www.restaurant-longpura. com

L-D: 17.30-22 h
13, 17, 19
En un edificio de 1636, este restaurante indonesio ofrece una gran variedad de *rijstaffels*, un menú de varios platos de la cocina tradicional indonesia. También tienen *rijstaffels* vegetarianos.

Tasca Bellota (M)
✉ Herenstraat 22
🖥 www.tascabellota.nl
🕐 X-J: 18-22 h; V-D: 17-22 h y L-M: cerrado
🚋 1, 2, 5, 13, 17
Restaurante español en el que se pueden degustar típicas tapas, paella valenciana y una buena selección de vinos. El menú cambia mensualmente.

Brasserie Nel (M)
✉ Amstelveld 12
🖥 https://brasserienel.nl
🕐 L-J y D: 10-1 h; V-S: 10-3 h
🚋 16, 24, 25
Al lado de uno de los canales más bonitos de la ciudad, el Prinsengracht, este restaurante de decoración minimalista ofrece una cocina con toques modernos con opciones vegetarianas y sabrosos postres.

Pasta e Basta (M)
✉ Nieuwe Spiegelstraat 8
🖥 www.pastaebasta.nl
🕐 X-D: 18-24 h y L-M: cerrado
🚋 16, 24, 25
Es famoso no solo por sus platos italianos a base de las universales pizzas y pasta, sino también por sus camareros. Son estudiantes de canto del conservatorio de la ciudad y calientan sus voces de tenores, sopranos y mezzos, mientras sirven los platos a los comensales.

Spanjer van Twist (M)
✉ Leliegracht 60
🖥 www.spanjerenvantwist.nl

L-J y D: 9-1 h y V-S: 9-2 h
1, 2, 5, 6, 14, 17
Es un café animado cercano al Jordaan. Su terraza es una de las más visitadas durante los meses de verano, a orillas de un tranquilo canal. Su carta suele variar cada semana y tienen una mesa comunal a la entrada. Comida sencilla con opciones para desayunar, comer y cenar.

Pata Negra (M-C)
✉ Utrechtstraat 124
🖥 www.pata-negra.nl
🕐 L-D: 12-24 h; la cocina está abierta hasta las 23.30 h
🚋 4
Un clásico entre los clásicos de los restaurantes españoles de la ciudad. Andrés Santibáñez y Pedro García introdujeron las delicias del pata negra en la ciudad en la década de 1990. Desde entonces se ha convertido en la parada preferida de los españoles que viven en la ciudad y también de los neerlandeses que buscan el sabor de la cocina española.

Canal Singel

Greenwoods Singel (M)
✉ Singel 103
🖥 greenwoods.eu
🕐 L-D: 8.30-16 h
🚋 1, 2, 5, 13, 17
Para los más golosos, este café es el ideal. Ofrece los mejores *muffins* y tartas de la ciudad, horneados cada día en su cocina con productos naturales. Son famosos sus *scones* ingleses y no menos conocida su animada terraza de verano a orillas del canal. Cuenta con opción vegana.

d'Vijff Vlieghen (C)
✉ Spuitstraat 294-302
🖥 www.vijffvlieghen.nl
🕐 M-D: 17.30-22 h; L: cerrado

Laberinto de salones, cada uno con un ambiente propio dado por una variada colección de objetos antiguos y azulejos de Delft, en 5 casas del siglo XVII junto al canal, en las que se sirve comida neerlandesa típica de temporada.

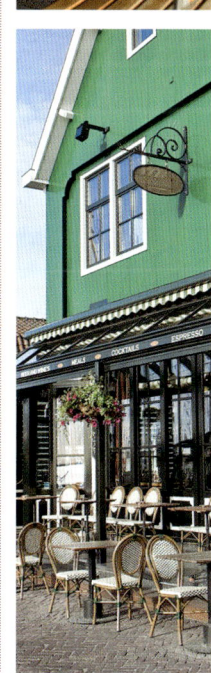

Plaza Dam

Hulscher's (C)

✉ Nieuwezijds
Voorburgwal 178
☎ www.hulschers.com
🕐 M-S: 17.30-22 h
🚋 1, 2, 5, 13, 14, 17

Aquí abrió por primera vez sus puertas la cervecería Heineken. En 1870, cuando Heineken trasladó su fábrica a Stadhouderskade, el edificio se convirtió en un hotel cuya actividad sigue hoy en día. Su restaurante ofrece una carta

La hora de comer

Los neerlandeses suelen hacer una comida ligera al mediodía, entre las 12.30 y la 13.30 h Esta comida, el *lunch*, consiste normalmente en un sándwich de queso, huevos fritos o una ensalada. La mayoría de la gente come durante las horas de trabajo y apenas dispone de media hora para degustar su *lunch*, por lo que esta comida suele ser rápida y escasa. La comida principal, la cena o *avondeten*, se hace alrededor de las seis de la tarde. Muchos restaurantes cierran la cocina a las 21 h, aunque sigan abiertos hasta las 23 h. Las cafeterías, sin embargo, suelen abrir sus puertas todo el día, pero solo ofrecen patatas fritas, hamburguesas y otra serie de frituras como croquetas y *frikandel*, cuyos ingredientes siguen siendo un voluntario misterio sin resolver. En casi todos los restaurantes es aconsejable reservar para la cena, sobre todo en los más pequeños y los más lujosos.

en la que domina la carne y el pescado (cambian cada dos días), pero también hay platos vegetarianos.

Centraal Station

De Belhamel (M)

✉ Brouwersgracht 60
☎ www.belhamel.nl
🕐 L-D: 12-16 h
y de 17.30-22 h
🚋 4,9,16,24

Cocina francesa e italiana. En la temporada de verano se puede almorzar o cenar mientras se disfruta de la encantadora vista desde la terraza frente al canal. El restaurante y el bar, con su original decoración de estilo Art Nouveau, evocan el ambiente romántico del fin de siglo parisino. En su carta ofrecen bastantes opciones vegetarianas y alguna vegana.

Pont 13 (M)

✉ Haparandadam 50
☎ www.pont13.nl
🕐 J-V: 17-23 h; S: 11-23 h; D: 11-18 h
🚋 22 y 48

En un ferry construido en 1927 que transportó viajeros y vehículos hasta los años noventa. En 2005 se inauguraba como restaurante. En su concepción se han combinado partes de la embarcación con mobiliario de carácter industrial. Su carta ofrece cocina europea elaborada con productos frescos. Es mejor confirmar que abrirá al público porque organizan un buen número de eventos privados. El entorno es bello, sobre todo de noche.

Rederij Lovers B.V. (C)

✉ Prins Hendrikkade, 25
☎ www.lovers.nl/es/comida-y-bebida
🕐 Consultar. Son variables.
🚋 1, 2, 4, 5, 6, 9, 13, 16, 17, 24, 25

Esta compañía naviera organiza cenas románticas a

la luz de las velas, surcando los principales canales de la ciudad a lo largo de dos horas. Su cocina cuenta con distintas alternativas tanto para la cena como para el almuerzo, además también se puede disfrutar con su "happy hour".

Barrio chino

Nam Kee (M)

✉ Zeedijk 111-113
☎ namkee.nl
🕐 L-D: 12-21.30 h
🚋 1, 2, 4, 5, 9, 16

Está situado en el corazón del barrio chino y es uno de los restaurantes de comida china más populares de la ciudad, por lo que siempre está lleno y se recomienda reservar.

Barrio Rojo

De Bakkerswinkel (E)

✉ Warmoesstraat 69
☎ www.debakkerswinkel.com/amsterdam-centrum
✖ X-L: 8-16.30 h; M: cerrado
🚋 1, 2, 4, 5, 9, 13, 16, 17, 24

La tienda del panadero es un café ideal para desayunar o comer sándwiches con pan recién horneado elaborados con distintos tipos de harinas. Son famosas sus quiches caseras con diferentes ingredientes y sabores.

Eetcafé de Brakke Grond (E-M)

✉ Nes 43
☎ www.brakkegrond.nl/eetcafe
🕐 M-D: 12-23 h; L: cerrado
🚋 1, 2, 4, 9, 16, 24, 25

Es el restaurante del Centro Cultural de Flandes en Países Bajos. Este es, además, el sello de su tradicional comida belga de la región flamenca: guisos de carnes, calderetas de pescados y sus famosos mejillones servidos con patatas fritas belgas. La cocina cierra a las 22 h.

Greetje (M-C)
- Pepperstraat 23
- www.restaurantgreetje.nl
- X-D: 17-1 h; L-M: cerrado
- 9, 14

Desde 2005 ha conquistado los paladares de los amsterdameses de una manera nostálgica. Su chef ha rescatado la cocina más tradicional neerlandesa adaptándola a los nuevos tiempos en un ambiente elegante y sofisticado.

Hemelse Modder (M)
- Oude Waal 11
- www.hemelsemodder.nl
- L-D: 18-22 h
- Nieuwemarkt

Aunque toma su nombre del postre estrella de la casa, una combinación de cremas de chocolate blanco y negro regado con vainilla, el "barro celestial" ofrece una carta muy atractiva basada en productos de temporada de las huertas y los pastos de Europa del norte. Carnes, pescados y… chocolate.

Marie Amsterdam (C)
- Nieuwe Doelenstraat 2-14
- https://marieamsterdam. com
- L-D: 12-14 h y 17.30-21 h
- 4, 9, 14, 25

Uno de los restaurantes más lujosos de todo el país. Sus vistas sobre el Amstel y la Munttoren son ya de por sí majestuosas. Su carta refleja un interés por la sostenibilidad tanto en las raciones como en los ingredientes que la componen. Cocina francesa.

Bridges (C)
- Sofitel Legend The Grand Amsterdam, en Oudezijds Voorburgwal 197
- https://bridgesrestaurant. nl
- V-D: 13-14.30 h y J-L: 18.30-21 h
- 4, 9, 14, 16, 24

Uno de los mejores restaurantes del país. Está situado en el corazón de la ciudad entre dos antiguos canales. Ofrece cocina internacional con un toque moderno y distintas fórmulas para disfrutar de su exquisita y minimalista cocina.

Barrio judío

Amstel Restaurant (C)
- Prof. Tulpplein 1
- www.amstelhotel.com
- L-D: 12.30-22 h
- 9. Metro: Weesperplein

Ofrece una cocina afrancesada que no desentona con su decoración. Sus precios, aunque elevados, son razonables para un establecimiento de su categoría. Cuenta con un servicio de lujo y unas vistas inmejorables. Presume además de tener una de las mejores bodegas de la ciudad y ofrece un menú vegetariano.

Barrio de los museos

Hap Hmm (E)
- 1e Helmerstraat 33
- www.hap-hmm.nl
- L-V: 17-20.30 h (la cocina cierra a las 20 h)
- 1, 3, 12

Situado cerca de la animada plaza de Leidseplein, esta casa de comidas ofrece la mejor cocina de la abuela de toda la ciudad a precios económicos. No es apto para paladares exigentes, ya que sus platos se reducen a carne y patatas, pero sí es recomendable para los estómagos hambrientos difíciles de llenar y con presupuesto ajustado.

Blushing Amsterdam (E-M)
- Paulus Potterstraat 30A
- www.enjoyblushing.com
- L-D: 8-18 h
- 2, 5

En pleno barrio de los museos y junto a estos es una buena elección para comer después de haberlos visitado. Su carta ofrece la típica comida de cafetería, pero con opciones socorridas para toda la familia y a buenos precios. Se puede comer, pero también desayunar y su especialidad es el café que se puede acompañar con alguno de sus postres.

Blauw Amsterdam (C)
- Amstelveenseweg 158-160
- https://restaurantblauw.nl
- L-D: 17-22.30 h
- 2

En las proximidades del Volenpark y relativamente cerca del barrio de los museos, este establecimiento indonesio ofrece en sus platos el sabor de la auténtica cocina de las islas, caracterizada por su enorme variedad y colorido. Se pueden degustar desde guisos picantes y pescado hasta ensaladas frescas, y nunca falta el arroz. Por supuesto, muchas de sus especialidades son aptas para vegetarianos y veganos.

Paloma Blanca (M)
- ✉ Jan Pieter Heijestraat 145
- 📞 www.palomablanca.nl
- 🕐 M-D: 18-22 h
- 🚋 7

A pesar de su nombre español es un restaurante marroquí especializado en cuscús. El cuscús royal con verduras y cordero es uno de los platos estrella de la casa. Aquí no se sirve carne de cerdo ni tampoco bebidas alcohólicas. Disponen de opciones vegetarianas.

SUR DE ÁMSTERDAM

Mi Sueño (M)
- ✉ Maasstraat 40
- 📞 www.mi-sueno.nl
- 🕐 L-D: 17-22.30 h
- 🚋 12

Situado en la zona sur de la ciudad, es un restaurante argentino que, como cabría esperar, está especializado en la famosa carne a la parrilla. Es imprescindible probar la variedad Wagyubeef, especialmente conocida por su alto veteado: cuanto más abundante sea el veteado, mayor será la calidad de la carne. Pero no solo se sirven platos de carne, también hay platos vegetarianos y de pescado, igualmente de gran calidad. Buena carta de vinos tintos y blancos.

De Kas (M-C)
- ✉ Kamerlingh Onneslaan 3
- 📞 www.restaurantdekas.nl
- 🕐 M-S: 12-16 h y 18-24 h;
  L: cerrado
- 🚋 9

Uno de los restaurantes más famosos de la ciudad. Situado en un invernadero, de ahí su nombre (*kas*, invernadero), es un lugar de renombre donde es frecuente encontrar a los más famosos de la ciudad. Su carta está basada en productos de temporada y sabores de la cocina internacional.

OESTE DE ÁMSTERDAM

Koffie ende Koeck (E-M)
- ✉ Haarlemmerweg 175
- 📞 www.koffieendekoeck.nl
- 🕐 X-D: 10-17 h
  y L-M: cerrado
- 🚋 3 y 10

Junto al Westerpark, este establecimiento vegano y ecológico abrió sus puertas en marzo de 2014. Ofrece sándwiches, ensaladas y bocadillos, zumos y cócteles. También constituye todo un paraíso para los amantes del dulce en todas sus variedades.

Café Restaurant Amsterdam (M)
- ✉ Watertorenplein 6
- 📞 https://cradam.nl
- 🕐 D-J: 10-24 h;
  V y S: 10-1 h
- 🚋 10

Un amplio restaurante situado en una antigua estación de bombeo de agua de los canales que data del siglo xix. Sus platos beben de la cocina tradicional francesa y neerlandesa. Apropiado para niños. Muy buena relación calidad-precio.

DELFT

Bistro Mes Amis (E)
- ✉ Hippolytusbuurt 10
- 📞 www.bistromesamis.nl
- 🕐 L, M y J: 17-23 h;
  V-S: 17-24 h;
  D y X: cerrado

A orillas de uno de los canales más bonitos, a escasos metros del Grote Markt, este nuevo bistró ofrece una carta en la que predominan los sabrosos platos y vinos franceses que encuentran su complemento en las canciones que suenan de fondo; los jueves a partir de las 18.30 h hay actuación en directo.

Believe food & wines by les copains (M-C)

- ✉ Breestraat 8
- 🌐 believebylescopains.nl
- 🕐 J y S: 9.30-17.30 h;
   V: 9.30-21.30 h;
   D: 11-17 h

Coqueto establecimiento que ofrece vinos y platos recién preparados de pescado y carne y otros de tipo vegetariano, así como una surtida tienda de *delicatessen*.

Hummus (E-M)

- ✉ Molslaan 39
- 🌐 hummustakeaway. squarespace.com
- 🕐 L-J: 17-22 h;
   V-D: 12-22 h.

Este establecimiento es moderno e informal. Su plato central es el hummus, y el resto de su carta se centra sobre todo en una gastronomía de raíces mediterráneas y de Oriente Medio. La mayoría de sus propuestas son vegetarianas y gran parte de ellas veganas. Tiene una excelente calidad-precio.

Stadsherberg de Mol (M)

- ✉ Molslaan 104
- 🌐 www.stadsherbergdemol. nl
- 🕐 X-D: desde 18-22 h;
   L-M: cerrado. Reservar.

Situado en un antiguo edificio del siglo XVI, propone a sus clientes "una velada en la Edad Media". Los comensales podrán experimentar un viaje al pasado y descubrir cómo eran las hospederías allá por 1563. Los camareros usan unas vestimentas medievales, y la comida está basada en recetarios de aquella época. También con la particularidad de que se sirve de la misma manera, así que prepárese a usar las manos.

DEN HAAG (LA HAYA)

QUERU "Cantina Mexicana" (M)

- ✉ Prinsestraat 30
- 🌐 www.cantinaqueru.com
- 🕐 M-J y D: 18-22 h;
   V-S: 18-22.30 h
   L: cerrado

Este restaurante está situado en la céntrica calle de Prinsestraat y sorprende por su cocina mexicana moderna siempre utilizando productos frescos y de alta calidad, combinados con excelentes cócteles o

cervezas. Un magnífico lugar para pasar un buen rato sin miedo a ensuciarse las manos.

Luden (M-C)

- ✉ Plein 6-7
- 🌐 www.ludendenhaag.nl
- 🕐 D-X: 9-24 h; J-S: 9-1 h

En el centro de La Haya, ubicado en un edificio tradicional. Está abierto los siete días de la semana para el desayuno, el almuerzo y la cena o para tomar sabrosos cócteles y cervezas especiales de barril. Los veganos y vegetarianos tienen muchas opciones en el menú.

Veggies on Fire (M-C)

- ✉ Beeklaan 385
- 🌐 www.veggiesonfire.nl/
- 🕐 V-D: 17-22 h

Restaurante vegano y ecológico que se inauguró en 2013. Cocina con opciones creativas basadas en una cocina internacional con influencias asiáticas e italianas, algunas crudiveganas, y bien presentadas. Opciones sin gluten.

Calla's (C)

- ✉ Laan van Roos en Doorn 51a
- 🌐 restaurantcallas.nl
- 🕐 M-V: 12-14 h y M-S:18.30- 22 h; D y L: cerrado. Es necesario reservar.

Este establecimiento realmente no es apto para todos los bolsillos, ya que es una muestra de la cocina moderna neerlandesa. Sus creaciones, con muchas influencias mediterráneas, se sirven rodeadas de un servicio impecable y de una excelente carta de vinos.

ROTTERDAM

De Ballentent (E)

- ✉ Parkkade 1
- 🌐 www.deballentent.nl
- 🕐 L-V: 9-23 h y S-D: 10-23 h

Es un café-restaurante informal situado en el puerto en el que se puede degustar comida neerlandesa sencilla donde las patatas fritas están presentes casi en cada plato. No faltan las tradicionales albóndigas, huevos fritos, sándwiches… También disponen de menú infantil para los más pequeños.

Gare du Nord (M)

- ✉ Anthoniestraat 2
- 🌐 restaurantgaredunord.nl
- 🕐 X-S: 17.30-23 h

Cocina internacional con un aire parisino elaborada sin productos de origen animal, ecológicos y sostenibles. Este bistrot vegano abrió sus puertas en abril de 2014 y cuenta con varias propuestas de menú muy variados.

SOJU Bar Rotterdam (M)

- ✉ Witte de Withstraat 51a
- 🌐 www.sojubar.com/ rotterdam
- 🕐 D-J: 12-23 h; V y S: 12-24 h.

Ofrece cocina coreana con toques modernos en un ambiente tranquilo y agradable y lo que es todavía mejor a un buen precio. Cuenta con establecimientos en Ámsterdam y Eindhoven.

UTRECHT

Bistrot David (M-C)

- ✉ Vinkenburgstraat 20
- 🌐 bistrot-david.nl
- 🕐 X-J: 15-23 h; V: 15-1 h; S: 12-1 h; D: 12-23 h; L-M: cerrado

Restaurante italiano con decoración moderna. Carta surtida en la que predominan las especialidades italianas como la lasagna (excelente la de Wagyu), el risotto, las bruschetas o la pasta. Buena selección de vinos.

Stadskasteel Oudaen (M-C)

- ✉ Oudegracht 99
- 🌐 www.oudaen.nl
- 🕐 D-X: 11-22.30 h; J-S: 11-1 h

En una antigua mansión del siglo XIV, la cocina de este restaurante está basada en el recetario clásico francés y neerlandés. Su decoración toma inspiración medieval. El comedor está situado en la antigua sala de caballeros en la que estos discutían sus asuntos comerciales y políticos.

De Winkel van Sinkel (M)

- ✉ Oudegracht 158
- 🌐 www.dewinkelvansinkel.nl
- 🕐 X-S: 10-1 h; D-M: 10-24 h

Es un antiguo almacén situado en el centro, a orillas del canal viejo. De aquellos tiempos aún se conservan los techos monumentales y el antiguo mostrador. Su jardín aparece como un auténtico oasis en medio de la ciudad. Su carta está repleta de buenas opciones para un desayuno tardío, comidas y cenas. Es todo un clásico. Los sábados y algunos jueves y viernes en temporada alta se tranforma en un club nocturno.

VOLENDAM

Bistro d'Ouwe Helling (M)

- ✉ Zuideinde 5-7
- 🌐 www.ouwehelling.nl
- 🕐 X-S: 12-22 h; D: 11-24 h

Se encuentra en un edificio histórico del puerto de Volendam. Lleva décadas ofreciendo una variada carta de platos en la que, sin duda, brillan los elaborados a base de pescado. Sus vistas sobre el lago Markenmeer y su buen servicio lo convierten en uno de los favoritos de los locales y también de los turistas.

Art Hotel Spaander (M)

- ✉ Spaander Hotel. Haven 15-19
- 🌐 www.spaander.com
- 🕐 L-D: 10-22 h

Mirando al puerto, es un local muy popular por su decoración de madera adornada con las antiguas pinturas de algunos residentes. Su cocina está basada en los productos del mar y en las recetas clásicas de la gastronomía neerlandesa. También cuenta con un agradable pub en el que disfrutar de una cerveza junto a los habituales.

∎ Alojamiento

Los precios

En Amsterdam los hoteles son caros, aunque en los últimos años ha crecido el número de *Bed & Breakfast* que abre sus puertas en pequeñas mansiones remodeladas en el centro o a orillas de los canales, sobre todo en el barrio del Jordaan. El problema sigue siendo la capacidad, ya que con frecuencia tienen pocas habitaciones y están siempre llenos. La mayoría de los grandes hoteles de la ciudad ofrece una estancia lujosa a cambio de una tarifa desorbitada que suele ser más elevada que la media de un cinco estrellas español. La otra opción de lujo a precios más razonables son los llamados *boutiques hotels,* pequeños hoteles de diseño que empiezan a proliferar en Amsterdam y que conquistan a sus huéspedes marcando la diferencia con su decoración y servicio exquisito. Esta selección ofrece una visión de los hoteles más clásicos con otros más desconocidos por los visitantes, pero que son auténticas joyas de la hotelería local.

E = Económico, menos de 150 €
M = Medio, entre 150 y 250 €
C = Caro, más de 250 €.
(Precios por persona y noche)

CENTRO DE ÁMSTERDAM

Barrio del Jordaan

Linden Hotel (E)
✉ Lindengracht 251
☎ www.lindenhotel.nl
🚊 10
Situado en pleno barrio del Jordaan, este hotel de 25 habitaciones con un diseño único, ubicado en un edificio del siglo XIX, fue reformado completamente en 2013 para ofrecer una mayor comodidad y modernidad en el conjunto de sus instalaciones. Es una excelente opción para alojarse en pleno centro a un precio económico.

Grandes canales

Banks Mansion (M-C)
✉ Herengracht 519-525
☎ www.banksmansion.nl
🚊 16, 24, 25
Uno de los conceptos más originales de la ciudad: un

all-inclusive urbano. El hotel ofrece en su precio todos los extras que suelen cobrarse como tales en los demás hoteles. Aperitivos, minibar, películas, bebidas y aperitivos y el uso de Internet, todo está incluido en el precio. Las habitaciones cuentan con televisiones de plasma, equipos de música, Internet e, incluso, una carta de almohadas para elegir la que más se ajuste a sus necesidades de descanso. Una de las joyas desconocidas de la ciudad.

Dylan Hotel (C)
✉ Keizersgracht 384
☎ www.dylanamsterdam.com
🚊 2, 3, 5
Es uno de estos hoteles únicos en el mundo con precios al alcance de unos pocos. Sus habitaciones están decoradas de manera diferente, con motivos temáticos que siguen los cánones de la decora-

ción zen y la cromoterapia. Lo cierto es que este hotel está diseñado con todo lujo de detalle para dejar huella en el huésped y convertir su estancia en una experiencia inolvidable, que puede completarse con un masaje relajante en la habitación.

Pulitzer Amsterdam (C)
✉ Prinsengracht 323
🏠 pulitzeramsterdam.com
🚊 13, 14, 17

Uno de los hoteles más bonitos a orillas de los canales, que ocupa la superficie de 25 mansiones que pertenecieron en su día a ricos comerciantes del siglo XVII. Acabó de ser reformado en 2016, pero conserva ese carácter señorial con una decoración basada en el uso de materiales nobles. Famoso además por sus jardines y por ser sede del Grachtenfestival, un festival de música clásica que se celebra en agosto y cuyo concierto final tiene lugar a la puerta de este grandioso hotel.

Seven Bridges (M)
✉ Reguliersgracht 31
🏠 www.sevenbridgeshotel.nl
🚊 4, 16, 24, 25

Toma su nombre de su situación al lado de los famosos siete puentes sobre los canales de Ámsterdam. Es un hotel familiar con ocho habitaciones decoradas con antigüedades que les confieren un carácter señorial. El desayuno se sirve siempre en la habitación, ya que no dispone de comedor común, pero la grandiosidad de las habitaciones, sus vistas y la exquisitez del servicio de loza del desayuno le harán sentirse como un miembro de una familia real.

CANAL SINGEL

The Craftsmen (E)
✉ Singel 83
🏠 hotelthecraftsmen.com
🚊 1, 2, 5, 13, 17

En un edificio del siglo XVII, este hotel lleva funcionando como tal desde 1917, aunque cambió de nombre en 2018. Con una situación privilegiada en el centro de la ciudad, a orillas del canal Singel, ofrece ocho habitaciones sencillas y sobrias a buenos precios. La limpieza es seña de la casa, y el trato, excelente. Su proximidad a una zona de acti-

vidad nocturna hace que a veces la noche se presente ruidosa para quienes quieren descansar, pero es lo que tiene alojarse en el centro.

PLAZA DAM

Anantara Grand Hotel Krasnapolsky (C)
🏠 Dam 9
🌐 www.anantara.com
🚊 4, 9, 14, 16, 24, 25

Sin duda el hotel más conocido de la ciudad. Es uno de los más lujosos, y en él se han alojado destacados miembros de la política internacional y las estrellas de la música y el cine. Entre sus comodidades se halla un equipado gimnasio con un galardonado spa, servicio de niñera... Su jardín de invierno es frecuentado por aquellos que quieren ver y dejarse ver. Desde hace unos años es propiedad de la cadena Anantara.

CENTRAAL STATION

A-Train Hotel (M)
✉ Prins Hendrikkade 23
🌐 www.atrainhotel.com
🚉 Centraal Station
🚊 1, 2, 5, 13, 17

Este hotel de tres estrellas ofrece una temática clara: los trenes. Así que los aficionados a este medio de transporte estarán encantados de instalarse en sus habitaciones y de caminar entre sus salas, algunas de las cuales son dignas de pertenecer a un museo del ferrocarril. Además otro de sus atractivos es su excelente ubicación. Los clientes a los que les guste el diseño moderno e innovador deben abstenerse de alojarse en este establecimiento que parece haberse quedado estacionado en otra época.

Amstel Botel (E)

✉ NDSM muelle 3, 1033
🖥 www.botel.nl
🚇 Centraal Station
🚊 1, 2, 4, 5, 6, 9, 13, 16, 17, 24, 25

Uno de los más famosos de la ciudad y quizás uno de los mayores hoteles flotantes de Europa. A pesar de su situación privilegiada sobre el Amstel, las vistas no son las que eran antaño, ya que está justo en una zona en plena expansión y que sufre constantes obras. Las habitaciones son sencillas, pero el hotel cuenta con todos los servicios necesarios para completar una estancia agradable.

The Flying Pig Downtown Hostel (E)

✉ Nieuwendijk 100
🖥 www.flyingpig.nl
🚊 1, 2, 3, 5, 13

Con varios hostales en la ciudad, "El cerdo volador", es sin duda la cadena más conocida entre los jóvenes mochileros. Si tienes menos de 18 años, olvídese de disfrutar de la experiencia, porque no se le permitirá pernoctar en este hostal juvenil conocido por sus precios baratos y sus actividades. Uno no solo viene a dormir aquí, sino también a conocer a gente y hacer vida social, bien a través de las excursiones que organizan en la ciudad, bien en las fiestas improvisadas que se celebran día sí y noche también.

Frederic Rent a bike (E-M)

✉ Binnen Wieringerstraat 23
🖥 www.frederic.nl
🚊 18, 22

A primera vista es simplemente una tienda de alquiler de bicicletas, pero Fréderic, su propietario, alqui-

la numerosas habitaciones en diferentes casas restauradas a lo largo del canal Brouwersgracht. También habitaciones en casas flotantes a precios económicos. Ofrece la experiencia de sentirse como uno más en la ciudad viviendo a orillas del canal.

Grand Hotel Amrâth Amsterdam (C)

✉ Prins Hendrikkade 108
🖥 www.amrathamsterdam.com
🚇 Centraal Station

Este hotel abrió sus puertas en 2007, y ocupa uno de los edificios más simbólicos: la *Scheepvaarthuis*, uno de los más imponentes ejemplos de la arquitectura y el diseño de la Escuela de Ámsterdam. El edificio data de 1916, y en su construcción se utilizaron los más refinados materiales, como maderas de ébano, mármoles y los mejores granitos. Su fachada es un museo de esculturas y relieves. Es un hotel de lujo que está haciendo sombra a otros grandes clásicos de la ciudad. Tiene 228 habitaciones de lujo y 22 *suites* de quitar el hipo con vistas inmejorables.

Hostales y casas de huéspedes

Los hostales y casas de huéspedes que se anuncian en la ciudad y que ofrecen un alojamiento barato en casitas a orillas de los canales son, sin duda, una excelente opción a primera vista. Sin embargo, hay que tener en cuenta que la mayoría está sin reformar completamente, pues esas casas monumentales necesitan numerosos permisos para ejecutar reformas que transformen su estructura, lo que resulta muy caro. Cuando los precios son tan baratos, es porque las reformas no han podido llevarse a cabo, con lo que se encontrará sin ascensor y tendrá que trepar por escaleras diminutas hacia los pisos superiores y, seguramente, deberá compartir baño con el resto de huéspedes. En esta selección le recomendamos algunos, y en las oficinas de turismo le podrán informar de otros que cumplan unas normas de higiene, comodidad y servicio. Es difícil encontrar alojamiento barato y céntrico en Amsterdam, no se deje engañar fácilmente.

Lloyd Hotel (E-C)

✉ Oostelijke Handelskade 34
✆ www.lloydhotel.com/
🚊 10 y 26

Este hotel se podría calificar como único, distinto, curioso y original, pues se dirige a todo tipo de viajeros: los de presupuesto más ajustado y los que pueden "tirar la casa por la ventana" y por supuesto, para los que se hallan entre ambos grupos. Ocupa un edificio histórico de 1921 (en renovación) y tiene 117 habitaciones diseñadas con gusto y esmero.

Estas, casi todas diferentes, van desde las de una estrella en la que se comparte baño hasta las de cinco.

Park Plaza Victoria Amsterdam (M-C)

✉ Damrak 1-5
✆ www.parkplazavictoria-amsterdam.com
🚊 1, 2, 4, 5, 9, 13, 14

Majestuoso hotel que vuelve a lucir el esplendor de antaño, y ofrece al viajero unas habitaciones cómodas y elegantes a precios relativamente buenos teniendo en cuenta su situación en el centro de la ciudad. Cuenta además con sauna finlandesa, piscina y gimnasio sin cargos adicionales, a diferencia del salón de belleza.

BARRIO LOS MUSEOS

Jan Luyken Amsterdam (M)

✉ Jan Luykenstraat 58
✆ janluykenamsterdam.com
🚊 2, 5

Uno de los llamados *boutique-hotels* de la ciudad, un concepto basado en ofrecer lujo en pequeña escala y a buenos precios. Las habitaciones son modernas y confortables, con todo el equipamiento de los grandes hoteles. Ocupa una bonita mansión del siglo XIX y está en el barrio de los museos, a escasos metros del Van Gogh Museum y muy cerca del famoso Vondelpark.

The College Hotel (M-C)

✉ Roelof Hartstraat 1
✆ www.thecollegehotel.com
🚊 3, 12, 25

A pesar de ser un hotel-escuela, no deja de ser un establecimiento cuatro estrellas con todo lujo de detalles, tanto en la decoración como en el servicio. Sin duda es caro, pero lo que se recibe a cambio es más propio de un hotel de cinco estrellas que de uno de cuatro. Los estudiantes están constantemente supervisados por los mejores profesionales del ramo. Su *suite* presidencial es enorme y uno de los más lujosos apartamentos que se pueden alquilar en la ciudad. Un lujo asequible.

Catalonia Vondel (M)

✉ Voldelstraat 18-26
✆ www.cataloniahotels.com
🚊 2, 5, 6, 7, 10

Está situado en la turística zona de los museos y justo al lado del Vondelpark. Este hotel constituye uno de los más bonitos de Ámsterdam, aunque quizás también uno de los más desconocidos. Sus habitaciones están cuidadas con mimo, con un excelente diseño y todo tipo de comodidades. Es un oasis de lujo y tranquilidad a muy buen precio. Las familias con niños son bien recibidas y disponen de habitaciones XL para alojar a toda la familia.

SURESTE DE ÁMSTERDAM

Hostelle (E)
✉ Bijlmerplein 395
🌐 www.hostelle.com
🚌 Bus 54 (Estación central)
Inaugurado en 2012, el concepto es claro: es un hostal exclusivo para mujeres con el fin de que disfruten de un ambiente divertido y seguro. Dispone de habitaciones dobles con baño privado, pero también de otras para cuatro, seis y ocho personas. Cada dormitorio tiene su propia decoración que está a cargo de artistas locales.

DELFT

Hotel Leeuwenbrug (E-M)
✉ Hoornmarkt 16
🌐 www.leeuwenbrug.nl
Esta situado a escasos metros de la estación central y a orillas de uno de los canales históricos de la ciudad. Este pequeño hotel familiar ofrece una selección de habitaciones cómodas a buenos precios, sin grandes pretensiones y con calidad de un tres estrellas. En renovación, reapertura 2n 2024.

Grand Museum Hotel Delft, Best Western (E)
✉ Phoenixstraat 50A
🌐 www.museumhotelgroup.com/grand-museum-hotel
Con habitaciones y apartamentos con wifi gratuito, el mejor café y un sinfín de toques divertidos para hacer de la estancia un hogar lejos del hogar. Comodidad en un ambiente único.

DEN HAAG (LA HAYA)

Hotel ibis Den Haag City Centre (E)
✉ Jan Hendrikstraat 10
🌐 https://all.accor.com
Hotel de tres estrellas, económico, moderno y funcional que está junto al centro de La Haya. Forma parte de una conocida cadena hotelera, así que eso facilita saber qué se puede esperar de su decoración, servicios e instalaciones y no llevarse sorpresas desagradables.

Hotel des Indes (C)
✉ Lange Voorhout 54-56
🌐 hoteldesindesthehague.com
Está situado en la zona de los museos principales de la ciudad. Es un hotel de lujo situado en una elegante mansión de finales del siglo XIX. Famoso no solo por la exquisitez de la decoración de sus habitaciones, sino también por su restaurante, que sirve una de las mejores cartas de la ciudad.

Badhotel Scheveningen (M)
✉ Gevers Deynootweg 15
🌐 badhotelscheveningen.nl
A escasos metros del famoso bulevar de la playa de Scheveningen, este hotel de tres estrellas es uno de los más populares de la ciudad por su excelente relación calidad-precio. Las habitaciones son bastante cómodas, con una decoración sencilla pero funcional.

Kurhaus de Scheveningen (C)
✉ Gevers Deynootplein 30
🌐 www.amrathkurhaus.com
Sin duda el emblema de esta localidad costera. Un palacete a orillas del mar, considerado monumento nacional, con habitaciones lujosas decoradas al estilo de los balnearios de finales del siglo XIX. Tiene piscinas de agua caliente, *jacuzzi* y sesiones de masajes y aromaterapia. Durante el verano, en la terraza de su restaurante con vistas al mar se suceden los conciertos de música clásica. Todo un lujo al lado del mar del Norte.

ROTTERDAM

easyHotel Rotterdam City Center (E)
✉ Westblaak 67
🌐 easyhotel.com
Establecimiento hotelero de dos estrellas situado junto al centro de Rotterdam. Pertenece a una cadena de hoteles de bajo coste y ofrece a los clientes unos servicios acordes a su catalogación. Las habitaciones son sobrias, las más económicas bastante pequeñas, pero modernas y limpias. Lo mejor, su ubicación.

Hotel Emma (E-M)
✉ Nieuwe Binnenweg 6
🌐 www.hotelemma.nl
Es un hotel céntrico, elegante, un tres estrellas que cuenta con habitaciones decoradas con muy buen gusto, en colores frescos y muy limpias. El servicio es bastante profesional, avalado por casi tres décadas en el sector hotelero de la ciudad. Una de las pequeñas joyas del ramo con una excelente relación calidad-precio y una bonita terraza en el tejado desde la que se pueden contemplar algunos de los edificios más famosos.

Hotel New York (M-C)
✉ Koninginnehoofd 1
🌐 https://hotelnewyork.nl
Es un clásico de la ciudad, no solo famoso como hotel, sino también como restaurante. El edificio, a orillas del río, era la sede de la línea de cruceros América-Países Bajos, y de aquí partían los barcos rumbo al Nuevo Mundo cargados de pasajeros con muchas ilusiones y esperanzas. La historia ha permanecido dentro de las paredes de este

hotel que ofrece 72 habitaciones únicas, cada una con una decoración diferente, además de amplias y con techos altos, y muchas de ellas con vistas al Mosa.

Rotterdam
Marriott Hotel (C)
✉ Weena 686
📞 www.marriott.com

Este hotel de cinco estrellas ofrece un conjunto de habitaciones lujosamente decoradas con un estilo moderno, todas ellas equipadas con sus famosas camas con colchones especiales que prometen descansos celestiales. Además de espacios comunes amplios decorados de forma elegante y con un toque moderno. Tiene un gimnasio privado para los clientes. Es posible contar con un entrenador personal.

UTRECHT

Mitland Utrecht (M)
✉ Ariënslaan 1
📞 www.mitland.nl

Se localiza fuera del centro, pero tiene muy buenas conexiones en transporte público. Es uno de los hoteles más ecológicos de Utrecht, no solo por su ubicación junto a un parque, sino por las medidas tomadas para limitar su impacto en el medio ambiente. Dispone de 146 habitaciones todas ellas perfectamente equipadas y con todas las comodidades necesarias, como la piscina, gimnasio, bolera, centro de conferencias y restaurante con terraza sobre el agua.

Park Plaza
Utrecht (M)
✉ Westplein 50
📞 parkplazautrecht.com

Este hotel tiene la categoría de cuatro estrellas y está situado justo al lado de la estación central. Está decorado con un estilo

moderno y muy funcional. Su situación estratégica, a escasos metros del centro y a un paso del transporte público, lo convierten en uno de los hoteles más visitados de Utrech. Los precios oscilan a lo largo de la temporada, pero durante los fines de semana se pueden encontrar ofertas muy interesantes.

Grand Hotel
Karel V (C)
✉ Geertebolwerk 1
📞 www.karelv.nl

En el centro de la ciudad encontramos este bonito hotel de lujo, con categoría de cinco estrellas, que fue un antiguo hospital militar durante la ocupación napoleónica. Sus habitaciones son ciertamente imperiales, decoradas con antigüedades, telas y materiales nobles. El servicio es impecable y se tiene la oportunidad de disfrutar de un tranquilo jardín con una bonita vista de la Domtoren. Cuenta con excelente restaurante.

VOLENDAM

Hotel Van
Den Hogen (M)
✉ Haven 106
📞 www.hogen.nl/hotel

Situado en el puerto, este hotel de dos estrellas cuenta con cuatro habitaciones totalmente equipadas, pero decoradas de forma muy sencilla y sin ninguna pretensión, algunas de ellas con vistas al lago Ijsselmeer. Es un establecimiento muy conocido por su restaurante con más de 75 años de historia y que ofrece una bella panorámica del mar.

Art Hotel
Spaander(M)
✉ Haven 15-19
☎ 299 363595
📞 www.spaander.com

Un clásico como restaurante y como hotel en el puerto de Volendam. Sus habitaciones son muy cómodas y bien decoradas. En sus paredes cuelgan cuadros antiguos que recrean la historia y la tradición marinera de Volendam. Situado frente al mar, algunas de las habitaciones ofrecen unas bonitas vistas. Además, cuenta con gimnasio y piscina climatizada.

ZANDVOORT

Amsterdam
Beach Hotel (M)
✉ Badhuisplein 2-4
📞 amsterdambeachhotel.nl

Un hotel céntrico, al lado del casino y de la zona de tiendas, que ofrece servicio de un cuatro estrellas a precio de tres. Sus habitaciones son sencillas y limpias, decoradas en tonos blancos y azules en consonancia con el ambiente marítimo, casi todas ellas con vistas al mar y muchas con balcón.

Palace Hotel (M)
✉ Burg van Fennemaplein 2
📞 palace-hotel.nl

Este hotel está situado en el bulevar a orillas de la playa. Es un edificio que no tiene pérdida ya que es el más alto de la línea de playa. Se alza cual intento de rascacielos hacia el cielo azul. Su altura desviste el paisaje pero permite que sus 58 habitaciones tengan excelentes vistas sobre el mar y las dunas. Además, tiene entre sus instalaciones, una piscina subtropical que reconforta después de un baño en las frías aguas del mar del Norte. Está situado cerca de la estación de ferrocarril. También cuenta con un aparcamiento e no incluido en el precio. Máquina de café Nespresso y té gratis.

Compras

ANTIGÜEDADES

Ans Hemke-Kuilboer
✉ Nieuwe Spiegelstraat 67
🌐 anshemkekuilboer.nl
🚊 7, 10
Establecimiento muy conocido para los amantes de las piezas de joyería antiguas. Cuenta con una amplia colección de joyas y artículos de plata. Además realizan reparaciones y tasaciones. Cita previa.

Premsela & Hamburger
✉ Rokin 98
🌐 www.premsela.com
🚊 4, 9, 14, 16, 24, 25
Uno de los joyeros de la ciudad especializados en plata antigua neerlandesa. Entre sus clientes se encuentran aristócratas y nobles del país. Venden también joyas modernas y realizan reparaciones.

LIBROS

The American Book Center
✉ Spui 12
🌐 www.abc.nl
🚊 1, 2, 5, 4, 9, 14, 16

Con una amplia gama de títulos de la literatura americana y anglosajona, es una de las librerías preferidas de los expatriados de la comunidad anglohablante. Cuenta con dos establecimientos en La Haya.

Athenaeum
✉ Spui 14-16
🌐 www.athenaeum.nl
🚊 1, 2, 4, 5, 16, 24, 25
Ocupa dos locales en la animada calle Spui, uno de ellos dedicado a prensa internacional y revistas. El otro es una librería con más de un siglo de existencia con ejemplares en diferentes idiomas y ediciones especiales.

Book Exchange
✉ Kloveniersburgwal 58
🌐 www.bookexchange.nl
🚊 4, 9, 14
🚇 Nieuwemarkt
Es el preferido de jóvenes y estudiantes, aunque su clientela es en general muy variada y con un denominador común: pasión por la lectura. El concepto está basado en el cambio,

de este modo, sus libros se pueden comprar o se pueden cambiar por otros. Su surtido es, por tanto, variado con títulos diversos y en varios idiomas.

Architectura & Natura
✉ Leliegracht 22-H
🌐 www.architectura.nl
🚊 12, 13 , 17
Histórico edificio en el Leliegracht que alberga desde hace más de 75 años una librería especializada en los campos de la arquitectura, el diseño urbano, los jardines y la naturaleza. Últimas novedades de todo el mundo y, en su mayoría, de diseño excepcional.

Waterstones
✉ Kalverstraat 152
🌐 www.waterstones.com/ bookshops/amsterdam
🚊 1, 2, 4, 5, 9, 14, 16
Es la preferida de los niños o quizás de sus padres, pues su extensa y divertida sección infantil cuenta con una amplia colección de títulos para iniciar a los más pequeños en el arte de la lectura.

ARTE

Art Multiples
✉ Keizersgracht 570
☎ www.multiples.nl
🚊 1, 2, 5

Muestra una exclusiva colección internacional de fotografías, pósteres y tarjetas postales. Esto ha hecho que se convierta en la más importante del país en este campo.

Jaski Gallery
✉ Nieuwe Spiegelstraat 29
☎ www.jaski.nl
🚊 6, 7, 10

Pintura, escultura, cerámica, grabados y todo tipo de trabajos artísticos de los integrantes del grupo CoBrA (1948-1951) y sus discípulos. Abierta en 1988, también incluye obras de artistas del momento procedentes de Europa del Norte.

REGALOS

Gerda's Flowers and Plants
✉ Runstraat 16
☎ https://gerdasbloemen. com
🚊 1, 2, 5

Se ha posicionado como una de las floristas más renombradas de la ciudad por su capacidad para ha-

cer verdaderas obras de arte con las flores como materia prima. Sus composiciones son sin duda un regalo único que todo el mundo apreciará.

Heinen Delftware
✉ Prinsengracht 440
☎ heinendelftsblauw.nl
🚊 6, 13, 14, 17

Porcelana azul de Delft pintada a mano por artesanos. Ofrecen garantía de autenticidad, porque a veces es difícil encontrar esta porcelana realmente pintada de manera artesanal. Es uno de los negocios más serios del ramo. Cuenta con varios establecimientos a lo largo de Ámsterdam.

The English Hatter
✉ Nieuwe Hoogstraat 15A
☎ www.english-hatter.nl
🚊 4, 9, 14, 16, 24, 25

Sombreros, boinas, bonetes, tocados, pamelas, bombines, sombreros de copa... Todo lo necesario para coronar las cabezas de las damas y los caballeros.

Puccini Bomboni
✉ Staalstraat 17
☎ www.puccinibomboni.com
🚊 9, 14
✉ Waterlooplein

¿Quién puede resistirse ante un bombón artesano elaborado con el cacao de mayor calidad y rellenos de sabores tan extraordinarios y exóticos como hierba de limón, tamarindo, pimienta o ginebra? Una explosión de sabor y color, y un auténtico placer para el paladar. El mejor regalo para los más golosos.

Mechanisch Speelgoed
✉ Westerstraat 67HS
☎ mechanisch-speelgoed.nl
🚊 3, 10

Un paraíso para los más pequeños (y mayores), que se divertirán durante horas con los juguetes de esta tienda es un viaje a la nostalgia. Lo mejor de todo es que a pesar de la aparente complejidad de algunos de los mecanismos, ningún juguete en esta tienda lleva pilas.

La Savonnerie
✉ Prinsengracht 294
☎ www.savonnerie.nl
🚊 6, 13, 14, 17

Cuando se entra en esta tienda, dan ganas de meterse rápidamente en una bañera para disfrutar en la piel lo que ya se percibe a través del olfato. Cuentan con tipo de jabones artesanales con diferentes olores y componentes para dar a la piel el cuidado de antaño con los avances del momento. Además dispone de todo tipo de productos para el cuidado corporal de adultos y niños.

MODA

...para niños

Knotsknetter
- ✉ Jan Evertsenstraat 100
- 📞 www.knotsknetter.nl
- 🚋 5, 24

En el oeste de Ámsterdam, una hermosa tienda que cuenta con todo tipo de cosas para niños, no solo ropa de moda sino también juguetes, libros e ideas para regalo. Además disponen de peluquería infantil.

...para mujeres

Bis!
- ✉ Sint Antoniesbreestraat 25-A
- 📞 www.bis-vintage.nl
- 🚋 4,9,16,24

Esta tienda está especializada en prendas de ropa y complementos "vintage". Disponen de prendas de una amplia gama de precios. Otras dos tiendas en la misma zona, una de ellas especializada en ropa militar.

Laura Dols
- ✉ Wolvenstraat 7
- 📞 lauradols.nl
- 🚋 1, 2, 5

Situada en una de las famosas *negenstraatjes*, presume de ser una de las mejores tiendas de segunda mano de la ciudad. Aquí se puede encontrar ropa *vintage* de los años cuarenta y cincuenta. Tiene predilección por los trajes de noche y las confecciones originales. Sin duda, un lugar apetecible aunque solo sea para curiosear.

Episode
- ✉ Berenstraat 1
- 📞 www.episode.eu
- 🚋 13, 14, 17

Se puede adquirir ropa de segunda mano y algunas piezas que han pasado la criba de los años y se han convertido en un apreciado producto *vintage*. Han abierto varios establecimientos en Ámsterdam, en otros puntos de Países Bajos: Haarlem, Rotterdam, La Haya, Utrech, y en Copenhague, Bruselas, Amberes y París.

...para hombres

Toms Skateshop
- ✉ De Clercqstraat 23-25
- 📞 www.theoldman.com
- 🚋 3,12,13,14

Toda la moda gira en torno al complemento principal: el *skateboard* (monopatín). Los más variados diseños de tablas combinados con las camisetas a la última y cómodos pantalones con los que poder practicar este deporte urbano al tiempo que se cumplen los rigurosos cánones de la moda masculina.

OnleyDesirables
- ✉ Czaar Peterstraat 193
- 📞 www.onleydesirables.com
- 🚋 7, 14, 19

Su oferta se basa en ropa "vintage" de diseño, borrando el concepto de anticuada y haciendo que las prendas sean atemporales.

Suit Supply
- ✉ Willemspaaarkweg 37-41
- 📞 suitsupply.com
- 🚋 2, 16

Si lo que necesita es un traje impecable o una camisa con corbata a juego, a buenos precios y en tiempo récord, este es el lugar para encontrarlo. Una gran colección de trajes de caballero en todos los tejidos, colores y diseños capaces

de dejarle como un señor en cualquier ocasión.

GRANDES ALMACENES

De Bijenkorf
- ✉ Dam 1
- 📞 www.debijenkorf.nl
- 🚋 1, 2, 4, 5, 9, 13, 14, 16, 17, 24, 25

Es "El Corte Inglés neerlandés", o así lo conocen los españoles residentes en los Países Bajos. Unos grandes almacenes con marcas de primera calidad y de renombre internacional. Perfumes, complementos, moda, hogar, librería y *delicatessen* bajo un mismo techo y en el centro de la ciudad. Su nombre significa "nido de abejas".

Hema
- ✉ Centro Comercial Kalvertoren Kalverstraat 212
- 📞 winkels.hema.nl
- 🚋 4, 9, 14, 16, 24, 25

Es toda una institución para los neerlandeses. En un Hema se puede comprar todo lo necesario para vivir: comida, ropa, complementos, decoración para el hogar, ropa para los niños, maquillaje y productos de higiene, juguetes y bicicletas. Sus colecciones de ropa infantil son las preferidas por los neerlandeses, sobre todo la ropa interior y los pijamas.

DELICATESSEN

De Bierkoning
- ✉ Paleisstraat 125
- 📞 bierkoning.nl
- 🚋 1, 2, 5, 13, 14, 17

Lo dice su nombre: es el rey de la cerveza, desde el año 1985, y así lo atestigua su selección de más de dos mil cervezas que serán capaces de satisfacer los paladares cerveceros más exigentes y de convencer a los principiantes.

Ekoplaza Weteringschans

✉ Weteringschans 133-137
🌐 www.ekoplaza.nl
🚊 6, 7, 10

Enorme supermercado ecológico, en el que aquellos que gustan de comida sana y saludable se dan cita para comprar carne, pescado, frutas y verduras ecológicas que son suministradas cada día por granjas de agricultura ecológica del país. También se puede encontrar vino, licores y refrescos orgánicos.

Eichholtz Delicatessen

✉ Leidsestraat 48
☎ +31 206 220 305
🚊 1, 2, 5

Es la preferida de los americanos que viven en la ciudad, ya que aquí pueden encontrar una amplia muestra de los productos típicos de la gastronomía estadounidense: *chocolate chips cookies, rootbeer,* tortitas, cereales de colorines y americanadas varias. También venden otros productos típicos neerlandeses e internacionales.

Olivaria

✉ Hazenstraat 2a
☎ +31 681 949 655
🚊 7, 10

La mejor selección de aceites de oliva de todo el mundo, aunque fundamentalmente se recomiendan los de España, Italia, Grecia y Sudáfrica. Puede comprar el envase de vidrio o bien llevarse uno de casa que le rellenarán con la cantidad del aceite de su gusto.

Pacomer Caterer

✉ Gerard Doustraat 66
🌐 www.pacomertraiteur.nl
🚊 3, 25

Ibéricos, jamón de jabugo, queso manchego, boquerones, pimientos del piquillo, cecina…, ¿qué más se puede pedir casi en el centro de Ámsterdam? Francisco Rodríguez lo hace posible con esta tienda que ofrece una amplia gama de productos españoles.

Raïnaraï

✉ Prinsengracht 252
🌐 www.rainarai.nl
🚊 13, 14, 17

Lo mejor del norte de África en una tienda que desprende un olor característico a especias exóticas y a pastelillos dulces de Marruecos. Sirven platos preparados con ingredientes que acercan a lo más sabroso de la cocina del continente africano.

Slijterij De Vreng

✉ Nieuwendijk 75
🌐 https://slijterijdevreng.nl
🚊 1, 2, 5, 6, 13, 17

Una licorería con solera en la ciudad tanto que data de principios del siglo XVIII. Venden las mejores marcas de ginebra nacional *(jenever)* y licores Oud Amsterdam y una amplia selección de de whiskies, licores, amargos, absenta y vinos. Si se quiere probar algo diferente y algo *kitsch,* compre una botella de Boswandeling.

Henri Willig Cheese Farm Store

✉ Haringpakkerssteeg 18
🌐 https://henriwillig.com
🚊 4, 14, 24, 52

Aunque la mayoría de los amsterdameses suele comprar sus quesos en los puestos del mercado, esta es una de las mejores tiendas de la ciudad, puesto que cuenta con una variedad amplia de quesos nacionales (Edam y Gouda entre ellos) y de todo el mundo.

TIENDAS ESPECIALES

Polette

✉ Huidenstraat 24B
🌐 polette.com
🚊 4, 14, 19

Aquí encontrará gafas de sol, graduadas, para deportes y especiales para ordenador, además de una gran colección especial para niños. Si busca una montura *vintage* o moderna para enmarcar su mirada de una forma original, ha encontrado la tienda más adecuada. Su eslogan es: "Si las encuentras más baratas, la jefa se hará monja".

Condomerie het Gulden Vlies

✉ Warmoesstraat 141
🌐 condomerie.com
🚊 4, 9, 14, 16, 24, 26

Miles de tipos de condones en esta tienda especializada. Si no tienen lo que está buscando, simplemente es que no existe. Los dependientes explican con todo lujo de detalles las cualidades eróticas y técnicas de todos ellos.

Christmas Palace

✉ Singel 508 - 510 (en el mercado de flores)
☎ +31 204 210 155
🚊 1, 2, 5

En este lugar tan especial todos los días del año son

Navidad. Disponen de una extensa gama de artículos navideños para decorar y regalar. Por supuesto, tampoco se olvidan de San Nicolás, "el Papa Noel" neerlandés que llega de España cada año. Con una sección dedicada a todo tipo de *souvenirs*.

Goochem Speelgoed

- ✉ 1e Constantijn Huygensstraat 80
- 🖱 www.goochem.nl
- 🚊 3, 12

En las proximidades de Vondelpark, se pueden encontrar juguetes de madera, plástico, peluches, muebles infantiles, libros y otros juegos. Un paraíso para los más pequeños de la casa y también para los padres más detallistas.

Pontifex_Kramer

- ✉ Reestraat 18-20
- 🖱 www.pontifex-kaarsen. com
- 🚊 13, 14, 17

Especializada en velas de todo tipo, desde ornamentales destinadas a rituales, a ceremonias eclesiásticas. Venden incienso y aceites esenciales.

Lavendula Natuurdrogist

- ✉ Westerstraat 45
- 🖱 www.lavendula.nl
- 🚊 1, 2, 5, 13, 17

Los amantes de la cosmética y los productos naturales encontrarán su paraíso en esta tienda en el centro de Ámsterdam. Una amplia selección de cosméticos elaborados a base de productos naturales y de manera casi artesanal. Sus cremas son tan deliciosas que dan ganas de comérselas.

Mail & Female

- ✉ Nieuwe Vijzelstraat 2
- 🖱 www.mailfemale.com
- 🚊 7, 10, 16, 24, 25

Es una de las tiendas eróticas más antiguas del país. Comenzaron vendiendo por catálogo para después abrir un local en el que se puede encontrar una buena selección de lencería erótica para hombres y mujeres y todo tipo de juguetes para disfrutar en la cama. Un *sex-shop* con estilo.

Outras Coisas

- ✉ Herenstraat 31
- ☎ +31 206 257 281
- 🕐 Domingo y lunes cerrada
- 🚊 1, 2, 5

Los amantes de la decoración del hogar disfrutarán en este local de objetos maravillosos, como auténticas toallas de Missoni, servicios de cerámica para *delicatessen,* muebles de acento mediterráneo, telas, cristal y porcelanas.

P.G.C. Hajenius

- ✉ Rokin 96
- 🖱 www.hajenius.com
- 🚊 4, 9, 14, 16, 24, 25

Constituye todo un templo para los fumadores en un país en el que desde 2008 está prohibido fumar en lugares públicos, hoteles y restaurantes. Tienen una gran muestra de pipas y cigarros de las principales marcas del mundo.

Flying Tiger Copenhagen

- ✉ Rembrandtplein 2
- 🖱 https://flyingtiger.com
- 🚊 4, 9, 14

Una cadena danesa con presencia en muchos países en la que se puede encontrar regalos curiosos, coquetos y a buen precio. Venden objetos originales y lo mejor es darse una vuelta para decidirse. Incluye *snacks* y golosinas.

▍Divertirse

BARES

De Pels

- ✉ Huidenstraat 25
- ☎ https://cafedepels.nl
- 🕐 9-1 h; V y S: 9-2 h
- 🚊 1, 2, 5

En el corazón de las nueve callejuelas (negenstraatjes), aparte de ser conocido por sus desayunos de los domingos, es uno de los bares históricos de la ciudad. Ha sido y es base de la esfera progre e intelectual de Ámsterdam. En su día fue centro de reunión de los líderes del movimiento Provo y, desde aquella década de 1970, en sus mesas se han sentado escritores, periodistas y políticos de partidos progresistas.

Hick's

- ✉ Haarlemmerstraat 65
- ☎ https://hicksamsterdam.com
- 🕐 L-J: 8.30-15.30 h; V y S: 8.30-22 h
- 🚊 3, 18, 21

Buenas raciones y ambiente cordial. Bien decorado se puede desayunar, comer, cenar y también picar algo tomando un vino, una copa o un cóctel.

Suzy Wong

- ✉ Korte Leidsedwarsstraat 45
- ☎ www.suzy-wong.nl
- 🕐 D-X: cerrado; J: 20-1 h; V y S: 19.30-3 h
- 🚊 7, 10

Una de las joyas de la plaza Leidseplein, en la que no son frecuentes este tipo de establecimientos con mucho estilo y altas pretensiones. Su decoración mezcla lo moderno con lo antiguo y da como resultado una mezcla fascinante que aporta al local cierta elegancia minimalista.

XtraCold Icebar Amsterdam

- ✉ Amstel 194-196
- ☎ www.xtracold.com
- 🕐 Todos los días: 11.45-1 h
- 🚊 4, 9, 14

Es un bar de hielo a una temperatura constante de ocho grados bajo cero, por lo que se recomienda ir abrigado. Todo está hecho con hielo, hasta los vasos donde se sirven sus cócteles y su cerveza. Un trocito de Polo Norte en el corazón de Ámsterdam.

DISCOTECAS

Akhnaton

- ✉ Nieuwezijds Kolk 25
- ☎ akhnaton.nl
- 🕐 M-J y D: 9-4 h y V-S: 9-5 h
- 🚊 1, 2, 5, 6, 13, 17

Es una discoteca fundada en la década de 1960 por un grupo de estudiantes católicos. Desde entonces ha pasado de ser un simple club social a un café y una discoteca con fama en la ciudad por haber introducido ritmos exóticos como el merengue y la salsa. También ponen hip hop, aunque sus ritmos clave son sin duda los sudamericanos y el reggae.

Jimmy Woo

- ✉ Korte Leidsedwarsstraat 18
- ☎ www.jimmywoo.com
- 🕐 J: 23-3 h; V-S: 23-4 h
- 🚊 1, 2, 5, 6, 7, 10

Uno de esos sitios donde se va a ver y a dejarse ver. Lo frecuenta la gente *chic* de la ciudad vestida con sus mejores galas para el fin de semana. Mucha marca, mucho diseño y muchas colas. Para dejar entrar suelen fijarse en la vestimenta.

BRUINCAFÉS

De Druif

- ✉ Rapenburgerplein 83
- ☎ https://cafededruif.nl
- 🕐 D-L: 10-1 h; V-S: 10-3 h
- 🚊 22

Uno de los más famosos de la ciudad por su ambiente marinero y por su larga historia. Se fundó en 1631 en los muelles del este y desde entonces ha atendido a sus clientes con cerveza de calidad y conversación asegurada.

Hoppe

✉ Spui 18-20
🌐 cafehoppe.com
🚇 1, 2, 5

Situado en una de las zonas más animadas de la ciudad por la noche, este *bruincafé*, que abría sus puertas en 1670, es el preferido entre los más jóvenes y se precia de haber sido visitado por la reina Beatriz cuando era princesa.

De Karpershoek

✉ Martelaarsgracht 2
🌐 cafekarpershoek.nl
🚇 1, 2, 5, 6, 13, 17

Data del año 1606, cuando era frecuentado por marineros y trabajadores portuarios. Está lleno de clientes fijos de la zona y muchos turistas que quieren tomarse una cerveza en uno de los cafés más antiguos del mundo.

COFFEE SHOPS.

Green House Centrum

✉ Oudezijds Voorburgwal 191
🌐 greenhousecoffeeshops. com
🚇 4, 9, 14, 16, 24, 25

Uno de los más famosos del casco antiguo, por su calidad y por haber sido ganador de la Gran Copa del Cannabis.

Tweede Kamer

✉ Heisteeg 6
🚇 1, 2, 5

Aquí elaboran las mejores *spacecakes* de la ciudad. Aunque pequeño y siempre abarrotado, si puede hacerse un hueco, pídase un trozo de tarta espacial, un café caliente y relájese con la música de jazz que suele sonar.

MÚSICA CLÁSICA

Concertgebouw

✉ Concertgebouwplein 2-6
🌐 www.concertgebouw.nl
🚇 2, 3, 5, 12, 16

Es el templo de los grandes conciertos de música clásica que se celebran en la ciudad. En su escenario han actuado las orquestas sinfónicas más importantes del mundo. Si se consiguen entradas con suficiente antelación, pueden resultar más económicas que a última hora en la taquilla. De todos modos, siempre es recomendable reservarlas, aunque sea en el mismo día del propio concierto.

Muziekgebouw

✉ Piet Heinkade 1
🌐 www.muziekgebouw.nl
🚇 16, 26

Su increíble y novedoso sistema acústico permite conciertos de diferentes estilos musicales, aunque principalmente aquí se celebran los de jazz, música clásica y contemporánea y música étnica. Su diseño alrededor del escenario está pensado de tal manera que, a pesar de ofrecer un gran aforo, uno se sienta partícipe de un concierto íntimo para un selecto grupo de amigos.

MÚSICA MODERNA

Melkweg

✉ Lijnbaansgracht 234a
🌐 www.melkweg.nl
🚇 1, 2, 5, 6, 7, 10

La Vía Láctea es un clásico de la ciudad y de todo el país debido a su programación estelar de conciertos de bandas y grupos de todo tipo de estilos y nacionalidades. En sus escenarios han actuado muchos artistas hoy famosos, cuando estaban en los comienzos de sus carreras, y desde aquí se han dado a conocer al público neerlandés un buen número de los grandes como U2, The Cure o Nirvana. Los grupos neerlandeses sueñan y buscan su consagración en este templo del pop y del rock. Además, entre el público siempre suele haber algunos cazatalentos en busca de promesas.

Paradiso

✉ Weteringschans 6-8
🌐 www.paradiso.nl
🚇 1, 2, 5, 6, 7, 10

Paradiso es una discoteca conocida como escenario de los más importantes DJ del país y de toda Europa. Además, es un plataforma buscada por grandes estrellas del pop para ofrecer pequeños conciertos en sus minigiras europeas, como por ejemplo Justin Timberlake, que ofreció aquí para un grupo selecto un pequeño adelanto de lo que iba a ser el conjunto de su gira por Europa. Antiguamente era una iglesia.

Bruincafés

Los bruincafés son cafés con solera y tradición en la ciudad. Reciben el nombre de cafés marrones porque ese es el color de las paredes que la mayoría ha tomado con los años debido al humo del tabaco. El color les confiere ese categoría de un café arraigado, con historia. La mayor parte, además, son cafés tribales, donde determinados grupos de amigos o de vecinos suelen parar, donde el camarero casi siempre conoce los nombres de los clientes.

TEATRO Y DANZA

Konijnlijke
Theater Carré
✉ Amstel 115-125
🌐 https://carre.nl
🚃 4, 6, 7, 10

Es el lugar en el que se representan la mayoría de los musicales que se estrenan en Ámsterdam, así como conciertos de música pop exclusivos, *ballets* y música clásica. Es el preferido por la Compañía de Ballet Español cuando visita la ciudad, y su escenario ha retumbado a golpe de flamenco en más de una ocasión.

Internationaal Theater Amsterdam
✉ Leidseplein 26
🌐 https://ita.nl
🚃 1, 2, 5, 6, 7, 10

Su escenario ofrece temporadas de ópera y *ballet*. Además, son frecuentes las representaciones teatrales de compañías neerlandesas y extranjeras, aunque su *especialidad* es, sin duda alguna, la puesta en escena de las óperas más conocidas.

Vondelpark
Openluchttheater
✉ Vondelpark
🌐 www.openluchttheater.nl
🚃 1, 2, 3, 5, 6, 12

Desde junio a septiembre, el parque más famoso se convierte además en escenario al aire libre para representaciones teatrales, danza y música. Asimismo se ponen en escena muchas obras para los más pequeños y teatro infantil tradicional. Se recomienda llevar una manta para tenderse sobre la hierba y disfrutar de la oferta de ocio.

Boom Chicago
✉ Rozengracht 117
🌐 www.boomchicago.nl
🚃 13, 14, 17

Es un grupo de comediantes ingleses y americanos que se han unido para formar esta compañía, ya famosa en el país por sus *sketches* cómicos sobre la sociedad neerlandesa.

CINE

En Países Bajos, todas las películas se proyectan en versión original con subtítulos en neerlandés.

Pathé ArenA
✉ Johan Cruijff Boulevard 600
🌐 www.pathe.nl/bioscoop/arena
🚃 Bijlmer

Es uno de los cines más modernos de la ciudad, situado en el gran centro comercial, ArenA Boulevard, a escasos metros del estadio de fútbol del Ajax. Cuenta con 14 salas, con más de 3.000 butacas y de pantalla IMAX de excelente resolución. Ofrece los grandes estrenos de Hollywood y nacionales.

Pathé Tuschinski
✉ Reguliersbreestraat 26-34
🌐 www.pathe.nl/bioscoop/tuschinski
🚃 4, 9, 16, 24

Es el cine más antiguo de la ciudad, fundado en 1912 por Abraham Tuschinski, un empresario del mundo del cine que quiso además enmarcar la gran pantalla en un edificio digno de las películas más importantes. Decoración rococó mezclada con tintes de *Art déco* que aportan una gran suntuosidad a este cine histórico. Es, además, el escenario de los preestrenos cinematográficos que se celebran en la ciudad.

La cadena cuenta con dos sucursales más en Ámsterdam, una de ellas es Pathé City (Kleine-Gartmanplantsoen 15-19; www.pathe.nl/bioscoop/city) y la otra, Pathé de Munt (Vijzelstraat 15; www.pathe.nl/bioscoop/demunt).

Coffee shops y drogas

Los *coffee shops* son cafés en los que el objetivo principal no es consumir café, sino fumar hachís o marihuana. En 1976, el Gobierno neerlandés legalizó el consumo de estas dos drogas, pero solo puede hacerse en privado o bien en este tipo de locales; existen algo menos de 200 en Ámsterdam. Se pueden comprar solo unos 5 gr. en cada uno.

La continuidad de los *coffee shops* está en peligro porque en los últimos años, con la llegada al poder de los partidos conservadores, se han llevado a cabo varias tentativas legales para abocarlos al cierre. De hecho, numerosos *coffee shops* han desaparecido.

En los que quedan en Ámsterdam solo se pueden consumir las drogas permitidas que se muestran en una especie de menú, tanto si se es neerlandés como turista. Sin embargo, no pueden vender alcohol ni está permitido fumar tabaco normal. Si es la primera vez que fuma drogas, debería informarse bien de todas las consecuencias. Para los menos atrevidos, un café con un trocito de *spacecake* (tarta espacial) puede surtir el mismo efecto. Las drogas duras están terminantemente prohibidas en Países Bajos. No se puede comprar de forma legal cocaína, heroína o crack, y los puestos de suministro del Barrio Rojo suelen dispensar solo metadona o heroína, pero bajo receta médica.

Únicamente las llamadas *smart drugs,* drogas inteligentes, son las que se venden de manera legal a los mayores de edad. De todas ellas, la más famosa son sin duda los *paddo's,* setas alucinógenas que, cocinadas en tortilla o "a palo seco", producen extrañas alucinaciones. Muchos dicen ver a Dios y hablar con él, otros cuentan haber vivido la más fascinante aventura de su vida. Lo cierto es que las crónicas de sucesos están plagadas de noticias de turistas que terminan suicidándose después de haber consumido estas famosas setas. La recomendación es informarse en la tienda de sus efectos, de las consecuencias y de las precauciones que uno ha de tomar si decide probar estas drogas.

Fiestas y celebraciones

Enero
Año Nuevo Chino en el Nieuwemarkt (en ocasiones también se celebra en febrero).

Febrero
Februaristaking (día 25). Se conmemora la huelga que hicieron los trabajadores del metro y los estibadores para apoyar a los judíos que estaban siendo deportados a los campos de concentración. *februaristaking.nl*

Marzo
Stille Omgang. Procesión en silencio de grupos católicos que se realiza por la parte vieja de la ciudad, al atardecer, y acompañados con velas. Se celebra la noche del sábado o al domingo posterior al 15 de marzo. *www.stille-omgang.nl*
Exposición de flores en el Keukenhof.

Abril
Museumweekend. Es la apertura gratuita de los museos durante un fin de semana. *museum.nl/nl/museumweek.*
World Press Photo en Nieuwe Kerk. Premio internacional de periodismo gráfico. *www.worldpressphoto.org*
Koninginnedag. El 27 de abril, Ámsterdam se tiñe de color naranja para celebrar la fiesta en honor de su rey, que coincide con su fecha de cumpleaños. Los amsterdameses salen con sus barcos a los canales y montan una espectacular fiesta al aire libre, con música, juegos y cerveza.
Bloemen Corso. Un hermoso desfile de carrozas decoradas con flores recorre aproximadamente 40 km desde Noordwijk hasta Haarlem. *bloemencorso-bollenstreek.nl/en/*

Mayo
Herdenkingsdag. Aquí se conmemora a las víctimas de la Segunda Guerra Mundial. El día 4 de mayo, en la plaza Dam, la familia real y las más altas autoridades del país realizan una ofrenda floral ante el monumento nacional a las víctimas.
Bevrijdigsdag. El 5 se celebra la liberación del país durante la Segunda Guerra Mundial.
Vondelpark Openluchttheater. Constituye el parque más famoso de la ciudad cuando se convierte en un escenario de teatro al aire libre. *www.openluchttheater.nl*
Dag van de Park. El último domingo de mayo los parques se llenan de actividades como teatro, música, juegos y barbacoas al aire libre.

Junio
Open Tuinen Dagen. Tradicionalmente en el tercer fin de semana de junio los más bonitos jardines privados de los grandes canales abren sus puertas al público. *www.opentuinendagen.nl*

Festival de las flores de Aalsmeer Flower. Un fin de semana en el que disfrutar de la flores, de la comida, de la bebida y de la música. *www.aalsmeer-flowerfestival.nl*

Julio
Conciertos de verano que se celebran en el Concertgebouw, y en los que durante el mes de julio actúan las mejores orquestas sinfónicas del mundo y se puede disfrutar de otros estilos como jazz, el blues, etc. www.concert-gebouw.nl

Gay Pride Amsterdam. Los canales de la ciudad se convierten en una auténtica fiesta con un desfile de embarcaciones con el que el colectivo LGTBI+ celebra su libertad para expresar sin reparo alguno su orientación sexual. Se puede disfrutar de la música, la alegría y el colorido, así como de las mejores *drag-queens* de Europa. *https://pride.amsterdam.*

Agosto
Grachtenfestival. Los canales se visten de gala para ofrecer más de 100 conciertos en barcazas flotantes. El principal es el que se celebra en Prinsengracht el tercer sábado de agosto. *www.grachtenfestival.nl*

Uitmarkt. Festival de música al aire libre en el que participan los principales artistas musicales del país. Los escenarios se extienden en las inmediaciones de Leidseplein. *www.uitmarkt.nl*

Jordaan Festival. A finales de agosto, un festival sociocultural que se celebra en el barrio del Jordaan en las inmediaciones de Marnixstraat y Elandsgracht. Es famoso su mercado de tartas caseras de manzana. Tras un parón, continúa su andadura.

Septiembre
Open Monumentedagen. Días de puertas abiertas en varios edificios monumentales. *www.openmonumentendag.nl*

Amsterdam Fringe Festival. Durante algo más de una semana muestra talentos del teatro y de la danza aún por descubrir. Este festival es una oda a la libertad en el escenario y a la independencia de espíritu. *amsterdamfringefestival.nl*

Octubre
Amsterdam Dance Event. En el mes de octubre tiene lugar el evento de música electrónica más importante de Europa. *www.amsterdam-dance-event.nl*

Noviembre
Museumnacht. Los principales museos permanecen abiertos al público durante toda la noche. *museumnachtamsterdam.nl*

Sinterklaas (San Nicolás) llega con sus ayudantes (normalmente sobre mediados), los *zwarte pietjes* o *"pedros negros"*, una especie de pajes que le ayudarán a repartir los regalos a todos los niños de la ciudad. Según la tradición, se desplaza desde Madrid, donde tiene su residencia oficial, llega en barco y luego monta a su caballo *Amérigo*.

Diciembre
Sinterklaas. El 5 de diciembre los niños neerlandeses reciben sus regalos de Navidad de manos de Sinterklaas. A cambio, dejan unas zanahorias en sus zapatos para el caballo *Amérigo* y dulces para los pajes.

Chanoeka. Es una fiesta judía de gran tradición en la capital. Se conoce como la "fiesta de las luces".

Información práctica

Direcciones útiles

Embajadas
En España
- ✉ Torre Espacio. Pº de la Castellana, 259, planta 36 D, Madrid
- ☎ 91 353 75 00
- 🖰 mad@minbuza.nl

En Países Bajos
- ✉ Longe Voorhout 50; 2514 EG La Haya
- ☎ 070-302 49 99
- 🖰 emb.lahaya@maec. es

Consulado General de España
Ámsterdam
- ✉ Frederiksplein 34
- ☎ 020 620 38 11

Barcelona
- ✉ Avda. Diagonal, 611
- ☎ 934 19 95 80

ANTES DE PARTIR

Requisitos

Qué llevar

Para viajar a Países Bajos hay que llevar: pasaporte o DNI en regla, seguro de viajes (es aconsejable), permiso de conducir (válido el nacional) y tarjeta de la Unión Europea de la seguridad social (útil en caso de urgencias médicas).

Qué no llevar

Está prohibida la importación de especies animales en peligro de extinción, carne, flores y plantas. Si se viaja con perros, gatos o hurones domésticos, se exige un pasaporte europeo para animales. Deben estar identificados con un chip o un tatuaje. Estos datos deben aparecer en un certificado firmado por un veterinario colegiado.

Cuándo ir

Los inviernos suelen ser largos en Países Bajos. La ciudad refleja su esplendor en primavera, cuando el mercado de las flores llena de color los canales del centro. Países Bajos tiene un clima marítimo templado con vientos frescos y frecuentes lluvias durante el año. Los inviernos son fríos y húmedos con temperaturas medias de 5 ºC, aunque no son frecuentes las nevadas. En verano las temperaturas son agradables (20-25 ºC), pero son frecuentes los chubascos y los vientos fríos del noroeste. La primavera y el otoño son las estaciones más agradables, aunque también abundan los chaparrones.

DURANTE LA ESTANCIA

Llegar en avión a Ámsterdam

El aeropuerto de **Schiphol** (*www.schiphol.nl*) está a unos 18 km de Ámsterdam y cuenta con una vía de comunicación rápida y directa con el centro de la ciudad.

Tiene una sola terminal y es fácil orientarse en él sin dificultades para encontrar el Schiphol Plaza, un enorme vestíbulo situado en la entreplanta donde se proporciona todo tipo de información y donde es posible elegir un medio de transporte en dirección a las principales ciudades neerlandesas.

En esta plaza se encuentra una oficina de turismo (abierta de 7 h a 22 h) donde pueden adquirirse folletos en español, realizar consultas sobre alojamiento y espectáculos, y comprar tarjetas de transporte y la *I amsterdam City Card*.

❚ Desde el aeropuerto

El billete turista **Conexxion Amsterdam** (*www. connexxion.nl/nl/vervoerbewijzen*) realiza cada algo menos de 10 minutos, desde las 5.26 h hasta las 00.47 h, un servicio de conexión del aeropuerto (autobuses 397 y N97, nocturno) con más de 100 hoteles en el centro de la ciudad. Los tickets se compran en el mostrador de Connexxion en el centro del Schhiphol Plaza o en las dependencias de la Oficina de Turismo en el mismo aeropuerto. El billete de ida y vuelta cuesta 10 €.

Un servicio de **taxi** cuesta aproximadamente 40-45 € para una carrera de 20 minutos, que es lo que se tarda desde el aeropuerto al centro de la ciudad. Debajo del Schiphol Plaza se encuentra la estación de tren que nos permite llegar al centro de Ámsterdam en quince minutos.

❚ Transportes públicos

El transporte público de Ámsterdam funciona muy bien y llega hasta todos los rincones de la ciudad. La tarjeta inteligente de transporte público (*OV-chipkaart*) se puede utilizar dentro y fuera de Ámsterdam en tranvías, autobuses y metros. Existen tarjetas de una hora, para varios días, o una tarjeta anónima en la que se puede añadir crédito en cualquier momento. Además la *I Amsterdam City Card* ofrece el uso ilimitado del transporte público de la compañía *GVB* durante 24, 48, 72 o 96 horas. Los *pases GVB*, entre 1 y 7 días, permiten viajar en tranvías, autobuses, ferris y metro –día y noche– operados por *GVB* en Ámsterdam.

Taxis. En Ámsterdam los taxis no se paran por la calle, sino que se toman en sus diferentes paradas o mediante una llamada telefónica al *Amsterdamse Taxi Centrale* (telf. 020 777 77 77; *www.tcataxi.nl*). Son bastante caros.

Tranvías. Operan de 6 h (7 h los fines de semana) a 00.30 h; a partir de ese momento circulan autobuses que realizan los mismos recorridos durante la noche. Todos los tranvías muestran en su parte delantera el número y su destino final. Las paradas, situadas cada 300 m aproximadamente, están indicadas con señales amarillas y disponen de rótulos con los números de los tranvías que se detienen, y en algunos casos con un reloj digital que señala el tiempo que falta para la llegada del siguiente. En Ámsterdam la compañía que opera tranvías y metro es la *GVB*.

❚❚ I Amsterdam City Card

Nacida por iniciativa de la oficina turística-VVV de Amsterdam, I amsterdam City Card es una tarjeta de similar formato al de una de tarjeta de crédito (también tiene una versión digital). Está disponible en cinco variantes: para 24, 48, 72, 96 o 120 horas. Da derecho a la entrada libre en más de 70 museos y lugares de interés de la ciudad (en algunos hay que reservar la hora) y además ofrece la posibilidad de utilizar gratis los transportes públicos (metro, tranvía, bus y ferri), efectuar un crucero gratuito por los canales de Amsterdam y otro por los canales de Haarlem, y alquilar una bicicleta durante 24 horas (*www.iamsterdam.com*).

▎ En bicicleta

La bicicleta es una de las mejores formas de explorar Países Bajos, sobre todo para aquellos que gusten del deporte y de realizar actividades al aire libre. No importa la edad ni la condición física, es fácil, divertido, barato, rápido y seguro.
Al alquilar una bici piden un depósito y alguna forma de identificación (carné o pasaporte). El precio es de entre 10-16 € por día y de alrededor de 45-50 € por semana por un modelo clásico. También se pueden alquilar en la estación de tren.

Algunas empresas que alquilan bicis son:

Rent a Bike
✉ Damstraat 20-22
☏ www.rentabike.nl

Mike's Bike Tour
✉ Kerkstraat 123
☏ www.mikesbike-toursamsterdam.com

Frederic Rent a Bike
✉ Binnen Wieringerstraat 23
☏ www.frederic.nl

Pedal Boat Amsterdam
☏ www.stromma.com/en-nl/amsterdam/sightseeing/canal-tours/pedalboat
Para pedalear por el agua en los canales.

Trenes. Es el sistema de transporte más adecuado para conexiones con el aeropuerto y viajar con facilidad entre las principales ciudades del país. Todos los trenes son rápidos, frecuentes y cómodos. Para planificar viajes, su página web (*www.ns.nl/en*) ofrece un sistema cómodo y sencillo que permite calcular horarios y precios.
En el caso de los discapacitados o si se viaja con silla de ruedas, hay que ponerse en contacto con NS (telf. 030-2357822) para solicitar asistencia con antelación para subir y bajar del tren.

▎ Información turística

Las oficinas de información turística están señaladas por la abreviatura de la antigua organización de promoción turística: VVV. En ellas se ofrece documentación sobre todas las atracciones, mapas, búsqueda de alojamiento, billetes para el transporte público, tarjetas de teléfono o reserva de entradas para conciertos, discotecas, cines o restaurantes. También se ofrece el bono de descuentos **I amsterdam City Card** y el carné para museos **Museumkaart.** La oficina de turismo más grande se encuentra enfrente de la estación central de trenes.

▎ Moneda

No es necesario cambiar moneda porque, al ser de la Unión Europea, el euro (€) es la moneda oficial.

▎ Horarios

Las **tiendas** abren a partir de 9 a 18 h (los lunes, a partir de las 13 h, excepto los grandes almacenes a partir de las 10 h y los jueves cierran a las 21 h). Los sábados abren de 9 h a 17 h y los domingos, de 12 a 17/19 h (principalmente los comercios situados en y alrededor de la Nieuwendijk y la Kalverstraat). El primer y último domingo de mes suele ser *koopzondag* o domingo de compras y todas las tiendas abren. Lo mismo sucede en épocas de Navidad y días especiales.
Los **restaurantes** que abren para cenas lo hacen entre 17 h y 23 h. Cafés y brasseries abren de 10 h a 23 h Las **farmacias** suelen abrir de lunes a viernes de 9 h a 18 h (los fines de semana y por la noche rotan). Fuera de ese horario solo atienden con receta médica. En ese caso, el médico informa al paciente de la farmacia donde puede recoger los medicamentos.

▎ Cómo ahorrar en Ámsterdam

La **I amsterdam City Card** (llamada también "Pasaporte de Ámsterdam") proporciona la entrada gratuita o importantes descuentos en los museos y las atracciones más importantes de Ámsterdam, así como el uso del transporte público en la ciudad. Se puede conseguir con validez para 24 h (60 €), 48 h (85 €), 72 h (100 €), 96 h (115 €) y 120 h (125 €). Ofrece además descuentos en restaurantes, en alquileres de bicicletas y dos paseos gratis en los barcos que recorren los canales.

La I Amsterdam City Card viene acompañada por un mapa (también en español), en la que se detallan los sitios en los que se pueden obtener rebajas, así como los lugares de interés que se pueden visitar gratis. Se adquiere en las oficinas de turismo o en la web (pág. 129).

❙ Conducir en Ámsterdam

Ámsterdam no es una ciudad fácil para los coches. El tráfico no es fluido y las calles son estrechas y complicadas. Aparcar al lado de los canales sin caerse al agua es una maniobra solo recomendable para expertos nadadores. Además existen pocas zonas para aparcar y los aparcamientos en el centro son caros.

La señalización y las normas son iguales al resto de la UE. El límite de velocidad dentro de la ciudad es 50 km/h y de 80 km/h en el cinturón urbano. Es obligatorio el cinturón de seguridad y el uso del casco en motocicletas de más de 50 cc. El uso del teléfono móvil mientras se conduce está totalmente prohibido.

❙ Emergencias en carretera

Los coches amarillos de la **ANWB** (Real Touring Club Holandés) patrullan por las principales carreteras las 24 horas al día. Para emergencias, los viajeros deben telefonear al ANWB desde los puestos amarillos localizados a lo largo de las autopistas (telf. gratuito de emergencia 0800-0888).

❙ Seguridad ciudadana y policía

En general, Ámsterdam es una ciudad segura y no hay que temer recorrer sus calles por la noche siempre que se actúe con un poco de sentido común. La delincuencia está relacionada con la droga y, aunque se advierte sobre la abundancia de carteristas, los robos no son frecuentes y tampoco proliferan los asaltos. Conviene, sin embargo, no hacer alarde de riqueza con joyas u objetos valiosos, vigilar los bolsos y equipajes, no dejar objetos personales a la vista en los coches y evitar los rincones oscuros. A pesar de su fama, el Barrio Rojo de Ámsterdam es un lugar seguro; la gran cantidad de visitantes y la estricta vigilancia policial minimizan los riesgos. No obstante, en caso de robo o agresión, en el teléfono de urgencias 112 se informa de la comisaría más cercana.

❙ Alquiler de coches

Alquilar un coche puede ser ventajoso en Países Bajos, dado que los precios neerlandeses son mejores que los belgas o los alemanes y además las distancias entre ciudades son relativamente cortas. La edad mínima requerida es de 21 años.

Budget
✉ Aankomstpassage 5, Schiphol Airport
🌐 www.budget.nl

Avis
✉ Aankomstpassage 5, Schiphol Airport
🌐 www.avis.nl

Hertz
✉ Overtoom 333
🌐 www.hertz.nl

❙ Hora oficial

Países Bajos tiene la misma hora que España.

❚ Drogas

El consumo de drogas blandas en Países Bajos está tolerado pero no legalizado. Se puede fumar y comprar hierba (cannabis o hachís) y sus derivados solo en los *coffeeshops*. Los visitantes deben tener en cuenta que en otro tipo de locales no se permite el consumo.

En el caso de las drogas duras, no existe tolerancia, se castiga con dureza su tráfico y su consumo. No hay que mostrar interés por las ofertas de los traficantes que inundan el Barrio Rojo, lo más probable es que quieran timarnos o atracarnos, y por supuesto no hay que tener la más mínima tentación de sacar drogas del país. Los famosos champiñones mágicos de las tiendas de *Smart drugs* (drogas inteligentes) se han convertido en los últimos años en la droga favorita de los turistas. Hay que informarse bien de los efectos alucinógenos de estos hongos y sus consecuencias, ya que muchas veces estas experiencias suelen terminar mal. No está permitido fumar tabaco convencional dentro de los *coffeeshops*, debido a las normativas antitabaco.

❚ Prostitución

Está legalizada y permitida en locales autorizados desde que en 1999 se aprobó una ley que erradicó el proxenetismo e incrementó los controles sanitarios. Las prostitutas no hacen la calle sino que trabajan en clubes o se exponen en escaparates cuyas cortinas cierran cuando están ocupadas.

No hay que fotografiar a las mujeres de los escaparates del Barrio Rojo, ya que puede provocar incidentes. La prostitución se ejerce en clubes especializados o en locales gay, frente a la Centraal Station, y sin garantías de que se trate de sexo seguro.

❚ Teléfono

Para llamar a Países Bajos desde España hay que marcar el 00, indicativo 31 de Países Bajos, prefijo provincial sin el cero, y el número de abonado de siete cifras. Para llamar a España desde Países Bajos hay que marcar el 00, el 34 de España y el número de abonado de nueve cifras. El final del "roaming" llegó en junio de 2017. Todo operador europeo está obligado a cobrar a sus clientes por las llamadas que realicen con sus teléfonos móviles desde la Unión Europa como si fueran nacionales.

❚ Sanidad

No existen leyes de cuarentena ni se requiere vacuna alguna para entrar. Como miembro de la Unión Europea, España tiene acuerdos sanitarios con Países

Bajos, gracias a ello se puede recibir tratamiento médico gratuito con solo presentar la Tarjeta Sanitaria Europea (TSE), en vigor desde junio de 2004. Esta tarjeta individual certifica el derecho de su titular a recibir las prestaciones sanitarias que sean necesarias durante una estancia breve en cualquiera de los países integrantes de la Unión Europea. La Tarjeta Sanitaria Europea se puede solicitar online o en cualquiera de las oficinas de la Seguridad Social en España (*https://seg-tarjetasanitariaeuropea.es*). Se manda a domicilio en un plazo no superior a 10 días desde la tramitación. Con esta tarjeta se puede recibir asistencia sanitaria y de regreso a España, solicitar el reintegro de los gastos médicos y farmacéuticos (no olvidar pedir justificantes o recibos).

En Países Bajos nadie puede presentarse en el servicio de urgencias de un hospital sin un volante médico. Ante una emergencia lo mejor es ponerse en contacto con el **Huisartsenpost,** o médicos de guardia de la zona y ellos determinarán si la urgencia debe terminar en el hospital o pueden encargarse ellos.

Viajar con niños

Ámsterdam es una ciudad tolerante con los niños. Casi todas las tiendas y cafés tienen un espacio destinado a los más pequeños donde pueden jugar, colorear o ver dibujos animados en la televisión. Además, los *eetcafes* ofrecen menús especiales para los niños *(kindermenu),* en los que no suele faltar el pollo, las patatas fritas y la compota de manzana, los manjares preferidos de los niños neerlandeses. Los hoteles pueden incluso proporcionar, previa petición a la hora de hacer la reserva, una cuna y cambiador, así como bañeras para bebés. Dar el pecho en público es una costumbre tolerada y bastante común en la sociedad neerlandesa.

Los transportes públicos son gratuitos para los niños menores de 4 años. Las tiendas de alquiler de bicicletas tienen bicis con sillas especiales.

Idioma

El idioma oficial de Países Bajos es el neerlandés, una lengua germánica, síntesis de diferentes dialectos hablados en la Edad Media en el mar del Norte. Se trata de un idioma muy gutural, con muchos matices en las vocales y difícil de asimilar para oídos latinos, aunque a lo largo de los siglos ha ido incorporando vocablos de otros idiomas, principalmente francés. Los amsterdameses tienen un lenguaje muy particular llamado *Hollands*. El inglés es muy hablado.

Índice de lugares

Plano
de la
ciudad

Oud West

Jordaan

1 2 Noord 3

Casco
viejo

4 5 6 Grandes 7 8
canales

Plantage

Museos

De Pijp

Watergraafsmeer

Nieuwe Zuid

Signos convencionales

Grandes arterias

Edificios importantes

Otros edificios

Parques y jardines

Cementerio cristiano

———— Ferrocarril

CENTRAAL STATION
Ⓜ Acceso al metro
y nombre de la estación

ℹ Información

🅿 Aparcamiento

🛏 Albergue juvenil

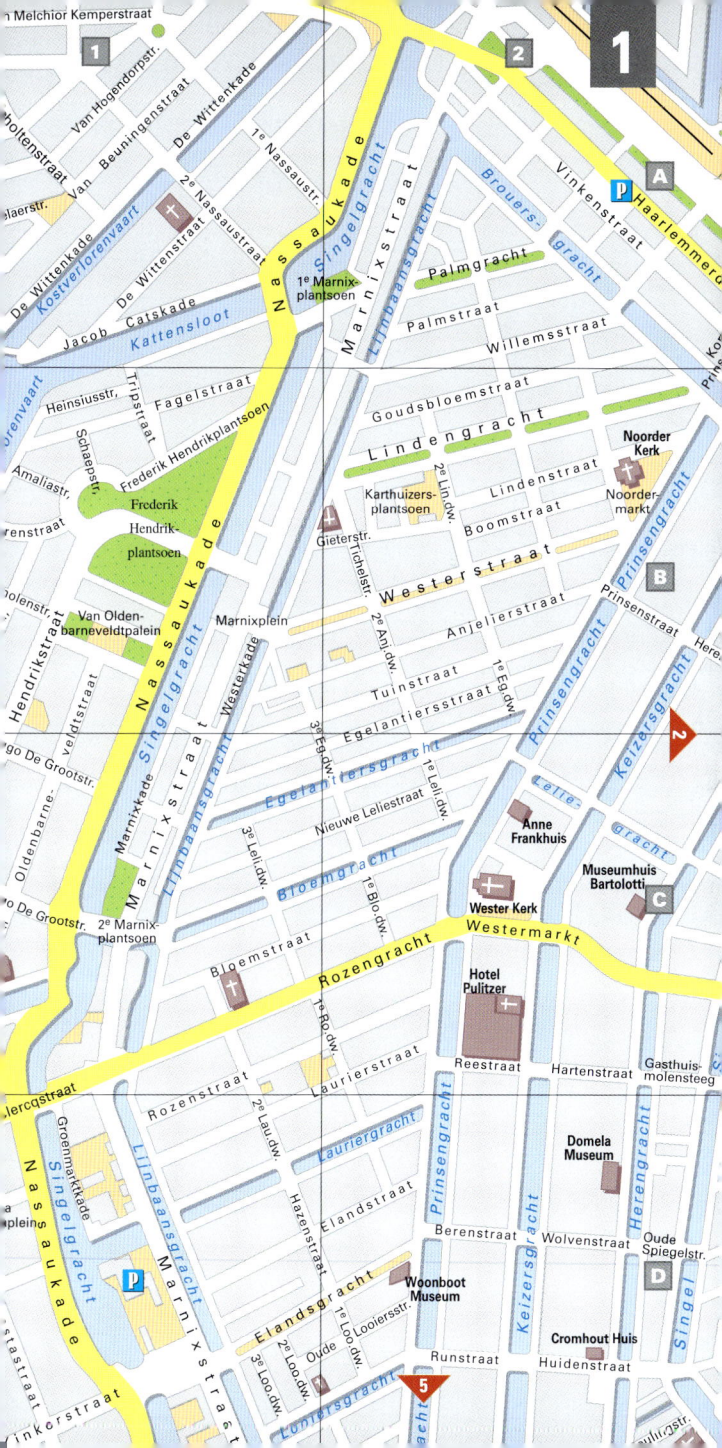

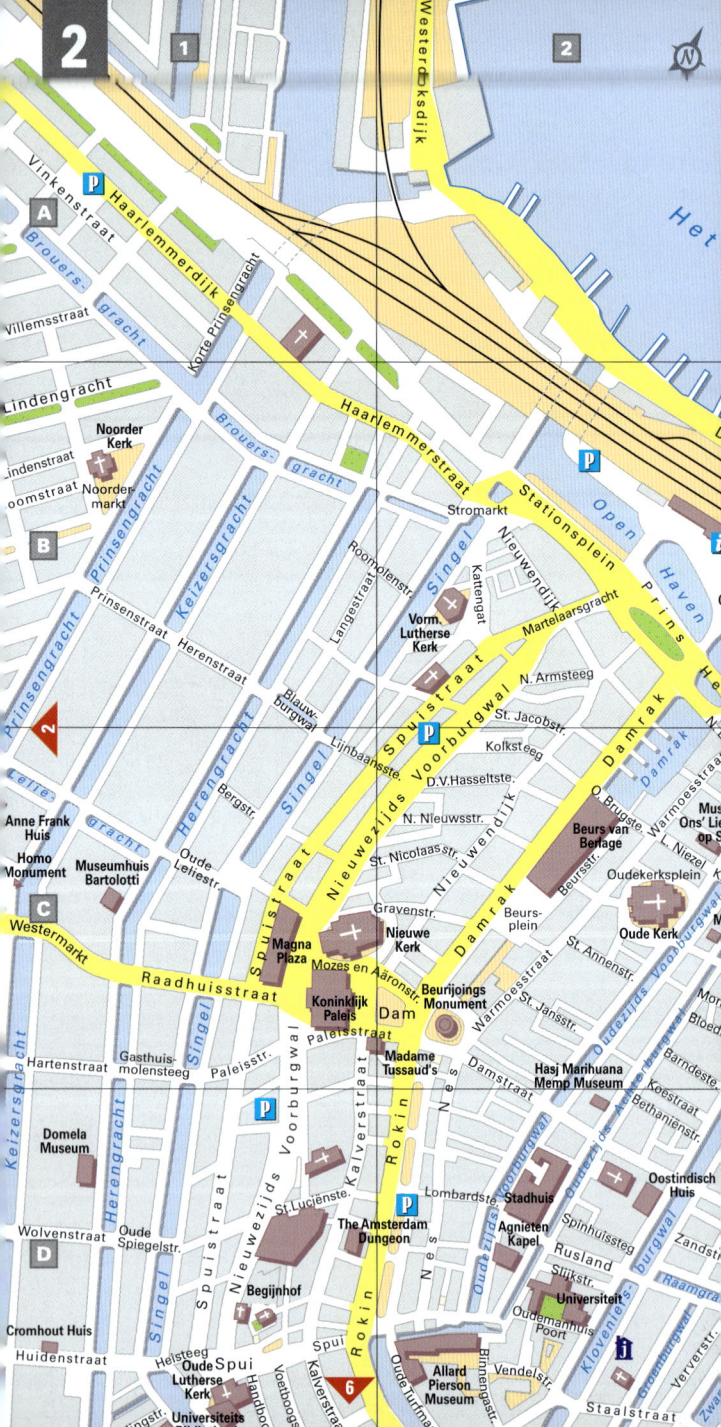

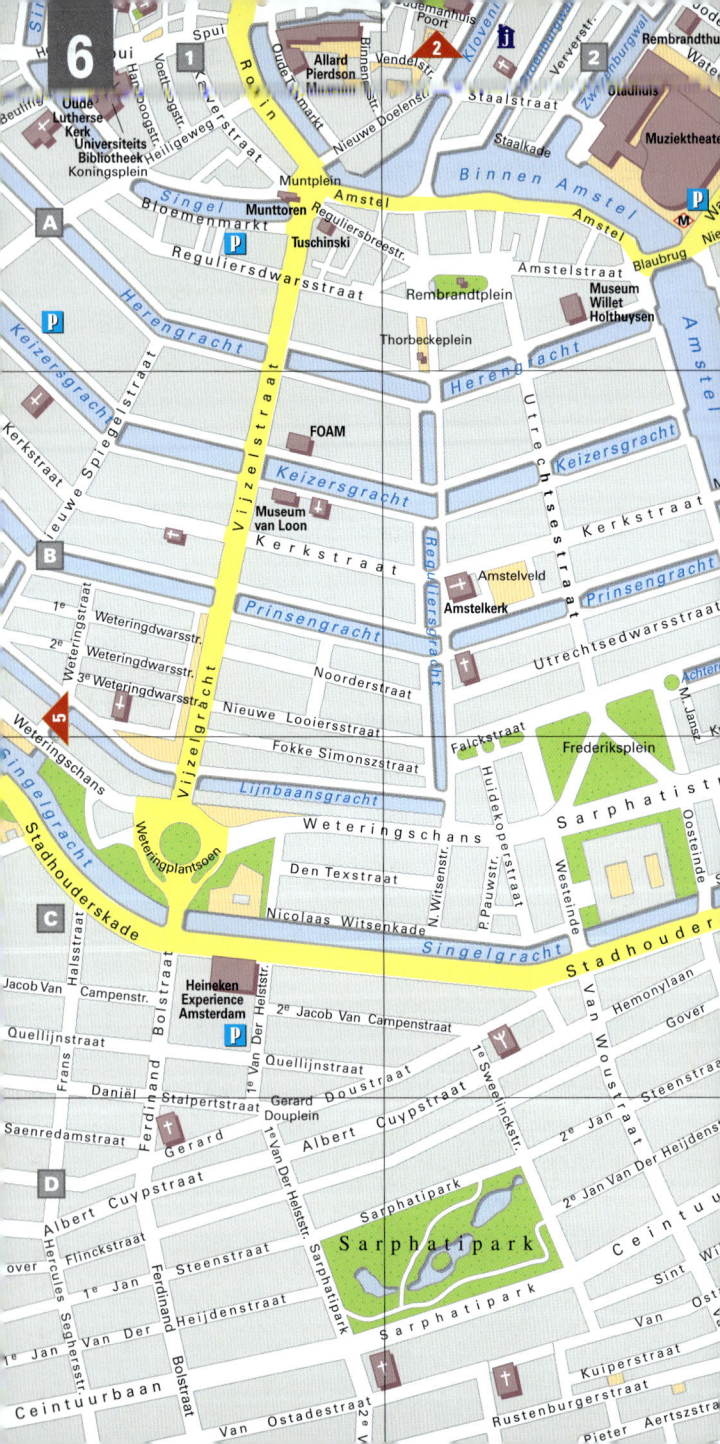

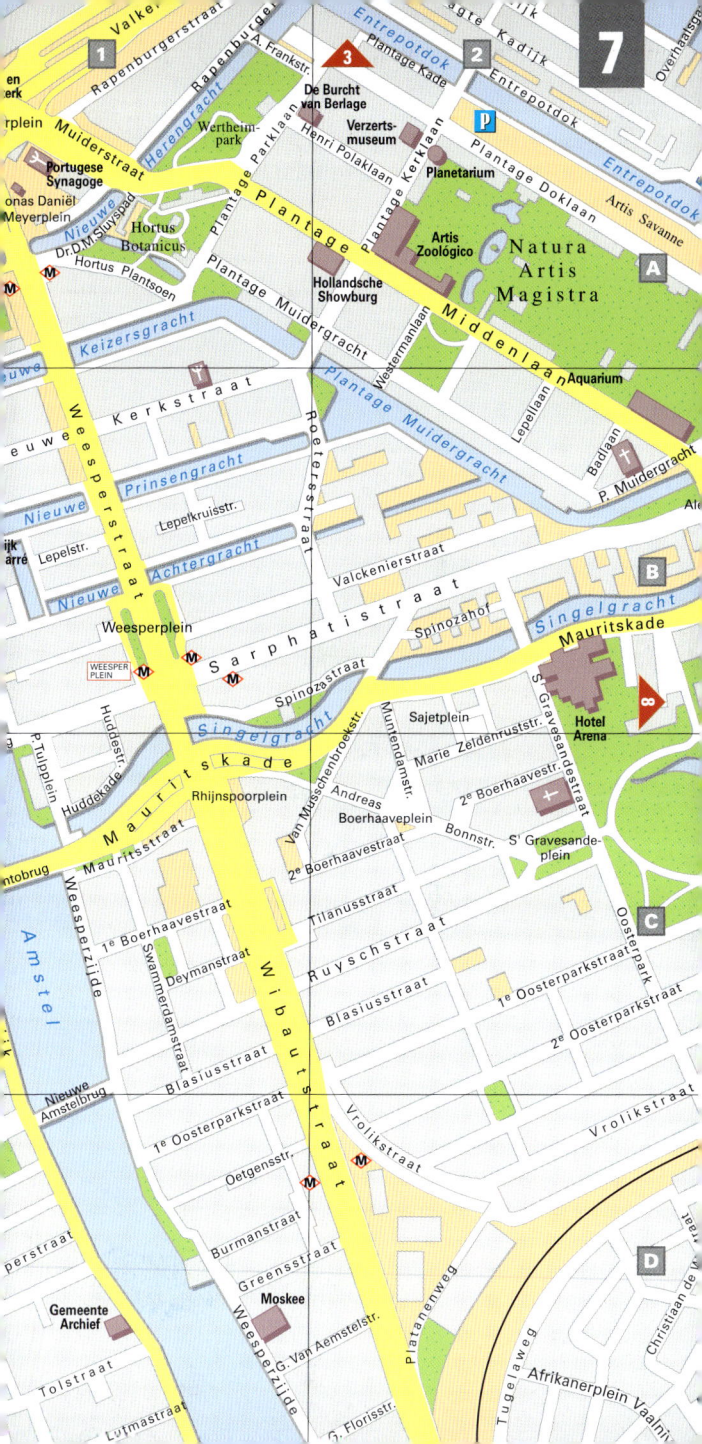

8

1

2

Wittenburgergracht

Oostenburgergracht

Oostenburger Boulevardpa

Oostenburgerdwarsstraat

Conradstraat

Czaar Peterstr.

Laagte Kadijk

Nieuwevaart

Entrepotdok

Hoogte Kadijk

Entrepotdok

Funenkade

De Gooyer
Molen

A

Artis Savanne

Plantage Doklaan

Zeeburgerstraat

**Natura
Artis
Magistra**

Sarphatistraat

Louise Wentstraat

Alexanderkade

Singelgracht

Mauritskade

Aquarium

Plantage Muidergracht

Plantage Muidergracht

Kazernestr.

P. Vlamingstr.

Dapperstr.

Muiderpoort

Von Zesenstraat

Badlaan

Alexanderplein

Commelinstraat

Wagenaarstraat

B

Wereldmuseum

Eerste Van Swindensstr.

2e Van Swinder

ngelgracht

Mauritskade

2e Van Swindensstr.

Reinwardts

**Hotel
Arena**

Reinwardtstr.

Dapperstr.

7

Static
M

sandestraat

Oosterpark

Linnaeusstraat

sande-
ein

Oosterpark Kastanjestr.

C

1e Oosterparkstraat

Oosterpark

2e Oosterparkstraat

Eikenplein

3e Oosterparkstraat

Vrolikstraat

€

Polderweg

Populierenweg

Beijersweg

Vrolikstraat

Populierenweg

Tugelaweg

Retiefstraat

Oranje- Virj

Steve Bikoplein

Pretoriusstraat

Linnae

Maritzstraat

Pretoriusstraat

Transvaalkade

Midden

D

Tugelaweg

Krugerplein

Transvaalkade

Ringdijk

Christiaan de Wetstraat

A. Luhulistraat

Nobelweg

Bessem

Transvaalkade

Willem Stevinstraat

Simon Beukelsstraat

Simon Stevinstraat

Kamerlingh Onneslaan